AF559612

काव्य के तत्त्व

काव्य के तत्त्व

आचार्य देवेन्द्रनाथ शर्मा

लोकभारती प्रकाशन

लोकभारती प्रकाशन
पहली मंजिल, दरबारी बिल्डिंग, महात्मा गाँधी मार्ग
इलाहाबाद-211 001
वेबसाइट : www.lokbhartiprakashan.com
ईमेल : info@lokbhartiprakashan.com
शाखाएँ : 1-बी, नेताजी सुभाष मार्ग, दरियागंज
नयी दिल्ली-110 002
अशोक राजपथ, साइंस कॉलेज के सामने
पटना-800 006 (बिहार)

प्रथम संस्करण : 1980
वर्तमान संस्करण : 2023

आस्था पेपर कन्वर्टर
प्रयागराज द्वारा मुद्रित

KAVYA KE TATVA
by Acharya Devendra Nath Sharma

ISBN : 978-93-5221-115-9

मूल्य : ₹ 300

भूमिका

इस पुस्तक का उद्देश्य है भारतीय दृष्टि से काव्य के उपादानों का परिचय कराना। सुगमता और संक्षिप्तता इसकी विशेषताएँ हैं। उदाहरण विषय को स्पष्ट करने के साधन हैं। अतः उनकी सटीकता तथा उपयुक्तता को मैं बहुत महत्त्व देता हूँ और उनके चयन में सावधानी बरतता हूँ। इस पुस्तक में दिये गये उदाहरण विषय के स्पष्टीकरण एवं स्मरण में निस्संदेह सहायक सिद्ध होंगे।

भारतीय काव्यशास्त्र का विशद और व्यापक विवेचन एक दूसरे ग्रंथ में करने का विचार है। इसके लिये छात्रों और मित्रों के पुंजीभूत अनुरोध को याद कर संकोच में पड़ जाता हूँ। विश्वास दिलाऊँ कि अब अधिक विलंब नहीं होगा।

—देवेन्द्रनाथ शर्मा

वसंत पंचमी

वि० सं० २०३७

विषयानुक्रम

काव्य-लक्षण

काव्य का लक्षण क्या है अर्थात् काव्य किसे कहते हैं, इस प्रश्न का सर्वसम्मत कोई एक उत्तर नहीं है। जितने आलोचकों या कवियों ने इस प्रश्न पर विचार किया है उतने ही प्रकार के उत्तर मिलते हैं। यहाँ कुछ प्रमुख भारतीय आलंकारिकों (आलोचकों) के द्वारा निर्मित काव्य-लक्षण दिये जाते हैं :

1. मम्मट (11वीं शताब्दी ई०)

दोषरहित, गुणसहित और यथासंभव अलंकारयुक्त शब्द तथा अर्थ को काव्य कहते हैं।[1]

इस लक्षण में चार बातों पर बल है: (1) काव्य में शब्द और अर्थ दोनों का समान महत्व है। न केवल शब्द-सौंदर्य को काव्य कहते हैं और न केवल अर्थ-सौंदर्य को। शब्द और अर्थ का सम्मिलित सौंदर्य ही काव्य है। (2) काव्य में जो शब्द-अर्थ रहते हैं, उन्हें दोषरहित होना चाहिये। जिस प्रकार शारीरिक दोषों से मनुष्य का सौंदर्य खंडित होता है—काना, अंधा, बहरा, लूला, लँगड़ा होने से सौंदर्य में बट्टा लगता है—उसी प्रकार शब्द-अर्थ के दोषों से काव्य का सौंदर्य खंडित होता है। अतः दोषों के निराकरण का प्रयास आवश्यक है। (3) काव्य में गुणों का होना अनिवार्य है। जैसे शूरता, वीरता, उदारता, सहृदयता आदि गुण मनुष्य के उत्कर्ष के कारण हैं, वैसे ही प्रसाद, माधुर्य और ओज, ये तीन गुण काव्य के उत्कर्ष के कारण हैं। (4) काव्य में यथासम्भव अलंकारों का भी सन्निवेश होना चाहिए। शूरता,वीरता, उदारता आदि आंतरिक गुणों के साथ बाह्य प्रसाधनों—वस्त्र-आभूषण आदि—का भी प्रयोग सौंदर्य-वृद्धि के लिये किया जाता है। काव्य में भी गुणों के साथ यदि उपमा, रूपक आदि अलंकारों का यथासंभव प्रयोग हो तो उससे सौंदर्य बढ़ेगा। पर जैसे मानव-शरीर के सौंदर्य के लिये अलंकार (आभूषण) अनिवार्य नहीं हैं, वैसे काव्य के लिये भी अलंकार अनिवार्य नहीं हैं। अलंकार-रहित रूप भी कभी-कभी बहुत आकर्षक होता है; उसी तरह अलंकार-रहित काव्य भी बहुत प्रभावोत्पादक हो सकता है। उदाहरणार्थ, तुलसीदास की निम्नलिखित चौपाई में कोई अलंकार नहीं है फिर भी काव्य-सौंदर्य पूरा निखरा है:

बहुरि बदन-बिधु अंचल ढाँकी। पिय तन चितइ भौंह करि बाँकी॥
खंजन-मंजु तिरीछे नैननि। निज पति कहेउ तिन्हहिं सिय सैननि॥

---

1. तददोषौ शब्दार्थौ सगुणावनलङ्कृती पुनः क्वापि।—मम्मट; काव्यप्रकाश, प्रथम उल्लास

कोई कह सकता है कि यहाँ 'बदन-बिधु' में रूपक और 'खंजन मंजु' में उपमा अलंकार है, अत: यह कहना कि इस चौपाई में अलंकार नहीं है, अमान्य है। तो इसका उत्तर यह है कि इस चौपाई का सौंदर्य रूपक या उपमा के कारण नहीं, बल्कि इसमें सीता के शील की जो व्यंजना है, उसके कारण है।

2. विश्वनाथ (14वीं शताब्दी ई०)

रसात्मक वाक्य काव्य है।[1]

कविराज विश्वनाथ के अनुसार वैसा वाक्य काव्य कहलाएगा जिसमें रस हो। 'रस' शब्द का अर्थ है आनन्द जो विभाव, अनुभाव तथा संचारीभाव के संयोग से निष्पन्न होता है। रस की व्याख्या आगे की जाएगी।

3. जगन्नाथ (17वीं शताब्दी ई०)

रमणीय अर्थ का प्रतिपादन करनेवाला शब्द काव्य है।[2]

पंडितराज जगन्नाथ ने 'रमणीय' का अर्थ किया है लोकोत्तर चमत्कारकारी अर्थात् वैसे शब्द को काव्य कहेंगे जिसमें अलौकिक (लोकोत्तर) चमत्कार भरा हो। अलौकिक या लोकोत्तर का अर्थ है लोक से भिन्न या लोक से परे। जैसे मिठाई खाने से या लॉटरी पाने से जो आनन्द होता है वह लौकिक है किन्तु रामचरितमानस या कामायनी पढ़ने से जो आनन्द होता है वह अलौकिक (लोकोत्तर) है, क्योंकि मिठाई या लॉटरी में तन्मय करने की—आपा भुला देने की—क्षमता नहीं है किन्तु काव्य में तन्मय करने की क्षमता है। काव्य पढ़ते समय या नाटक देखते समय मनुष्य अपने को भूल जाता है और काव्य या नाटक की घटना तथा पात्रों के साथ हँसता है, आँसू बहाता है। यह हँसना या आँसू बहाना तब तक संभव नहीं जब तक तन्मयता न हो, आत्म-विस्मरण न हो। दूसरी बात यह कि लौकिक आनन्द की अनुभूति व्यक्ति-विशेष को ही होती है; जो मिठाई खाता है या लॉटरी पाता है उसके अतिरिक्त किसी को उससे आनन्द की अनुभूति नहीं होती। तात्पर्य कि लौकिक आनन्द सीमित है किन्तु काव्य का आनन्द असीम है; एक साथ असंख्य मनुष्य काव्य पढ़कर या अभिनय देखकर आनंदित हो सकते हैं। इसीलिये काव्य का आनन्द अलौकिक माना गया है।

उपर्युक्त लक्षणों को देखने से स्पष्ट है कि तीनों आचार्यों ने अपने-अपने ढंग से काव्य का स्वरूप निर्धारित किया है और अपनी-अपनी जगह पर तीनों ठीक हैं। भेद है बल का, किसी ने रस पर बल दिया तो किसी ने रमणीयता पर और किसी ने व्याख्यात्मक ढंग से समझा दिया कि काव्य में दोष नहीं होना चाहिये, गुण अवश्य होना चाहिये और अलंकार भी यथासंभव होना चाहिये। विश्वनाथ

---

1. वाक्यं रसात्मकं काव्यम्।—विश्वनाथ; साहित्यदर्पण, प्रथम परिच्छेद
2. रमणीयार्थ-प्रतिपादक: शब्द: काव्यम्। जगन्नाथ; रसगंगाधर, प्रथम आनन

और जगन्नाथ ने क्रमशः रस और रमणीयता पर बल देते हुए भी दोष, गुण, अलंकार के सम्बन्ध में मम्मट की मान्यता का व्यवहार में खंडन नहीं किया। तात्पर्य यह कि काव्य के तत्त्व सभी आचार्यों की दृष्टि में प्रायः समान ही हैं; भेद है उनकी प्रधानता को लेकर। किसी ने एक तत्त्व को प्रधान बताया तो किसी ने दूसरे को।

काव्य-लक्षण की एक कठिनाई अभिव्यंजना की अक्षमता को लेकर भी है। अनुभूति को पूर्णतः शब्दों में अभिव्यक्त करना असंभव है। उदाहरणार्थ, कोई हमसे पूछ दे कि रसगुल्ला, रसमलाई, संदेश, पेड़ा, लड्डू या जलेबी की मिठास में क्या अन्तर है तो हम क्या उत्तर देंगे? इन मिठाइयों की मिठास में स्पष्ट अन्तर है, इसमें संदेह नहीं पर उसे कहना संभव नहीं है। जीभ पर रखकर उस अन्तर की अनुभूति तो की जा सकती है पर वाणी से उसकी अभिव्यक्ति नहीं की जा सकती। यह भाषा की सीमा या अक्षमता है। इसी तरह काव्य क्या है, इसे समझते या अनुभव तो सभी करते हैं पर जब उसे अभिव्यक्त करने चलते हैं तब भाषा की अक्षमता से जो कहना चाहते हैं उसे अच्छी तरह कह नहीं पाते। इसलिये भी विभिन्न आचार्यों के काव्य-लक्षणों में अन्तर हो जाता है।

काव्य-हेतु

काव्य-हेतु का अर्थ है काव्य के कारण अर्थात् काव्य-रचना के पीछे कौन से कारण काम करते हैं, किन कारणों से काव्य-रचना संभव हो पाती है। इस प्रसंग में आचार्यों ने तीन कारणों की चर्चा की है: (1) शक्ति; (2) व्युत्पत्ति और (3) अभ्यास।

(1) **शक्ति** का अर्थ है **प्रतिभा** जो जन्मजात होती है। काव्य का सबसे प्रमुख कारण प्रतिभा ही है। प्रतिभा कहते हैं सदा नयी-नयी वस्तुओं की उद्‌भावना करनेवाली प्रज्ञा को। क्या कारण है कि अनेक कवियों ने रामकथा को काव्य का विषय बनाया पर किसी को वह उत्कर्ष और महत्त्व नहीं मिला जो तुलसीदास को। कृष्णकाव्य की लम्बी परम्परा में सूरदास ही सर्वोच्च स्थान के अधिकारी क्यों माने गये? उत्तर है अपनी विरल प्रतिभा के कारण। शक्ति या प्रतिभा के अनुपात में ही कवि की रचना उत्कृष्ट होती है।

(2) **व्युत्पत्ति** का अर्थ है ज्ञान। व्युत्पत्ति दो प्रकार की होती है: एक तो **लौकिक,** दूसरी **शास्त्रीय**। लौकिक व्युत्पत्ति **निरीक्षण** से प्राप्त होती है और शास्त्रीय व्युत्पत्ति **अध्ययन** से। लौकिक व्युत्पत्ति से काव्य का विषय मिलता है और शास्त्रीय व्युत्पत्ति से अभिव्यंजना की पद्धति; एक यह बताती है कि कवि **क्या** कहे, दूसरी यह कि **कैसे** कहे। एक आलोचक (आर्नल्ड) ने काव्य को जीवन की आलोचना कहा है। जीवन की आलोचना तो वही कर सकता है जो जीवन को ठीक से जाने और जीवन का सम्बन्ध लोक से—दुनिया से—होता है।

अत: जिस कवि को लोक का जितना गम्भीर, जितना विस्तृत ज्ञान होगा वह उतना ही सच्चा और अच्छा चित्र प्रस्तुत कर सकेगा। फलत: यह ज्ञान लोक को देखने से होता है और उसके बाद शास्त्रों के अध्ययन से, किन्तु शास्त्रज्ञान की अपेक्षा लोकज्ञान अधिक उपयोगी है क्योंकि वह प्रत्यक्ष रूप में अर्जित होता है। काव्य का उत्कर्ष कवि की प्रतिभा के समान उसकी व्युत्पत्ति पर भी निर्भर करता है। व्युत्पत्ति को **निपुणता** भी कहते हैं।

(3) **अभ्यास** तीसरा काव्य-हेतु है। प्रतिभा और व्युत्पत्ति के साथ अभ्यास का योग होने से काव्य-रचना सुकर होती है। संस्कृत में एक कहावत है कि 'दैवानि यान्ति वैफल्यं नाभ्यासस्तु कदाचन' अर्थात् भाग्य धोखा दे सकता है पर अभ्यास कभी धोखा नहीं देता। बात यह है कि अभ्यास करते रहने से सारी बातें सदा प्रस्तुत रहती हैं; अत: उनका उपयोग अनायास हो सकता है। वे ही अभ्यास के अभाव में ध्यान से उतर जाती हैं, अत: उन्हें व्यवस्थित करने में समय लगता है। अभ्यास किसी काव्यज्ञ के निर्देशन में करना चाहिये। काव्यज्ञ से अभिप्राय ऐसे व्यक्ति से है जिसमें काव्य-रचना की भी क्षमता हो और उसके गुण-दोष के विवेचन की भी। वैसे व्यक्ति का निर्देशन बहुत उपादेय होगा क्योंकि वह काव्य-रचना का मार्ग भी बता सकता है और गुण-दोष दिखाकर सत्काव्य का दृढ़ आधार भी प्रस्तुत कर सकता है।

इन तीनों काव्य-हेतुओं से सम्पन्न कवि की रचना उत्कृष्ट होती है और जिस कवि में जिस हेतु की, जिस मात्रा में, कमी होती है उसकी रचना उसी अनुपात में अनुत्कृष्ट होती है।

काव्य-प्रयोजन

काव्य के लक्षण के समान काव्य के प्रयोजन में भी मतभेद है। मम्मट द्वारा निर्दिष्ट काव्य-प्रयोजन सबसे अधिक व्यापक हैं; उनमें दूसरे आचार्यों द्वारा निर्दिष्ट प्रयोजन भी गतार्थ हो जाते हैं। वे हैं: (1) यश, (2) अर्थ, (3) व्यवहार-ज्ञान, (4) अमंगल-निवृत्ति, (5) लोकोत्तर आनन्द और (6) सरस-मधुर उपदेश।

(1) काव्य से कवि को यश मिलता है। कालिदास, सूरदास, तुलसीदास, बिहारी, प्रसाद, निराला आदि इसके प्रमाण हैं। इनकी ख्याति इनके काव्यों से ही है।

(2) काव्य से कवि को अर्थ की भी प्राप्ति होती है। प्राचीन काल में कवि-राजदरबारों का आश्रय लेकर काव्य-रचना करते थे और इसके लिये आश्रयदाता उनके भरण-पोषण की व्यवस्था करते थे या उन्हें पुरस्कृत करते थे। आज कवियों के आश्रयदाता राजे-महाराजे तो नहीं रहे पर काव्यों की बिक्री से आय होती है। अत: काव्य अर्थलाभ का भी एक साधन है।

ये दोनों प्रयोजन कवि की दृष्टि से हैं अर्थात् यश और अर्थ कवि को ही मिलते हैं।

(3) **व्यवहार-ज्ञान** भी काव्य का एक प्रयोजन है। काव्य-नाटक आदि के चरित्रों के अनुशीलन से ज्ञात होता है कि किस परिस्थिति में कैसा व्यवहार और आचरण करना चाहिये। यह प्रयोजन केवल पाठक या प्रेक्षक की दृष्टि से है।

(4) **अमंगल-निवृत्ति** के भी उदाहरण देखे जाते हैं। 'हनुमान-बाहुक' लिखकर तुलसीदास ने बाहुपीड़ा से मुक्ति पायी थी; 'गंगा-लहरी' की रचना कर पद्माकर कुष्ठ से मुक्त हुए थे, ऐसा कहा जाता है। इस तरह काव्य अमंगल की निवृत्ति का कारण भी सिद्ध होता है। कवि काव्य लिखकर अमंगल से छुटकारा पाता है और पाठक उसका पाठ कर अमंगल से छुटकारा पा सकता है। अत: यह प्रयोजन कवि और पाठक, उभयनिष्ठ है।

(5) **लोकोत्तर आनन्द** काव्य का सबसे महत्त्वपूर्ण प्रयोजन है। काव्य से अलौकिक आनन्द की प्राप्ति होती है जो किसी दूसरी वस्तु से नहीं होती। काव्यानन्द की अनुभूति के समय मनुष्य लौकिक सुख-दु:खों को भूलकर सर्वथा तन्मय हो जाता है। यह प्रयोजन मुख्यत: पाठक की दृष्टि से है किन्तु काव्य-रचना में कवि को भी आनन्द मिलता है, अत: काव्यानन्द का भागी उसे भी मानना चाहिये।

(6) काव्य से सरस-मधुर **उपदेश** मिलता है। आनन्द के साथ उपदेश दुर्लभ है। प्राय: उपदेश में रुक्षता रहती है और वह मन को ग्राह्य नहीं होता किन्तु काव्य से कर्तव्य और अकर्तव्य का, क्या करना चाहिये और क्या नहीं करना चाहिये का जो उपदेश मिलता है वह रुक्ष न होकर बहुत सरस और मधुर होता है। इसे कांता-सम्मित उपदेश कहा जाता है। स्वामी या गुरुजन के उपदेश की तुलना में कांता का उपदेश-कर्त्तव्याकर्त्तव्य का संकेत—अधिक मधुर, अत: प्रिय होता है। यह प्रयोजन केवल पाठक की दृष्टि से है, कवि की दृष्टि से नहीं।

काव्य-भेद

काव्य का विभाजन अनेक आधारों पर किया गया है। उनमें प्रमुख निम्नलिखित हैं:

(1) **छन्द** के सद्भाव और अभाव के आधार पर—(क) गद्य; (ख) पद्य; (ग) मिश्र।

(2) **स्वरूप-विधान** के आधार पर—(क) दृश्य; (ख) श्रव्य।

(3) **रमणीयता** के आधार पर—(क) उत्तम; (ख) मध्यम; (ग) अधम।

प्रथम आधार

भारतीय आलोचकों ने काव्यत्व की दृष्टि से गद्य और पद्य में अन्तर नहीं माना है। उनकी एक ही कसौटी रही है सरसता या रमणीयता, जिसकी स्थिति गद्य और पद्य में समान भाव से हो सकती है। गद्य और पद्य का भेदक तत्व है छन्द का अभाव या सद्भाव।

गद्य—छन्दरहित रचना; जैसे उपन्यास, कहानी, कथा, आख्यायिका आदि।

पद्य— छन्दबद्ध रचना; जैसे रामचरितमानस, बिहारी-सतसई आदि।

मिश्र—छन्दरहित और छन्दबद्ध रचनाओं का मिश्रण; जैसे यशोधरा। मिश्र काव्य को चम्पू भी कहते हैं।

द्वितीय आधार

स्वरूप-विधान के अनुसार काव्य के प्रथमतः दो भेद हैं: (क) दृश्य और (ख) श्रव्य।

दृश्य—जिस काव्य का आनन्द मुख्यतः अभिनय देखकर उठाया जाए, वह दृश्यकाव्य कहलाता है। यद्यपि दृश्यकाव्य की रचना मूलतः रंगमंच के लिये ही होती है किन्तु गौणतः उसे सुनकर या पढ़कर आनन्द उठाया जा सकता है। यह विभाजन तब का है जब रेडियो नहीं था। आज तो रेडियो से प्रसारित होने वाले नाटकों का मंचन नहीं होता; उनका आनन्द सुनकर ही उठाया जाता है। अतः उन्हें श्रव्य ही कहेंगे।

श्रव्य—जिस काव्य का आनन्द सुनकर या पढ़कर उठाया जाए, वह श्रव्य-काव्य है। श्रव्यकाव्य या तो कवि के मुँह से सुना जाता है या स्वयं पढ़ा जाता है। चूँकि इसका रंगमंचीय प्रदर्शन नहीं होता इसलिये इसे श्रव्य (सुनने योग्य) कहते हैं। रामचरितमानस, बिहारी-सतसई, कामायनी, कुरुक्षेत्र आदि श्रव्यकाव्य हैं।

दृश्यकाव्य को रूपक भी कहते हैं। रूपक कहने का कारण यह है कि उसमें एक व्यक्ति पर दूसरे व्यक्ति के रूप का आरोप होता है, अर्थात् किसी का रूप बनाकर कोई दूसरा आदमी आता है। रूपक दस प्रकार के होते हैं। रूपक के भेदों के चार आधार हैं: (1) **वस्तु** या विषय या कथानक; (2) **नेता** या नायक; (3) **रस** और (4) **विस्तार**। कथानक दो प्रकार का होता है: **ख्यातवृत्त और कल्पित**। **ख्यातवृत्त** कथानक वह है जो पहले से प्रसिद्ध हो (ख्यात है वृत्त जिसका) इतिहास, पुराण आदि से जो कथानक पूर्वज्ञात हैं वे **ख्यातवृत्त** कहे जाएँगे। जैसे प्रसाद का 'चन्द्रगुप्त' नाटक ख्यातवृत्त है क्योंकि उसकी कथावस्तु इतिहास प्रसिद्ध है; उसके पात्र—चन्द्रगुप्त, चाणक्य आदि—ऐतिहासिक हैं। किन्तु लक्ष्मीनारायण मिश्र के 'सिन्दूर की होली' की कथावस्तु **कल्पित** है; वह पहले से प्रसिद्ध या ज्ञात नहीं है। रूपक के दस भेद हैं: (1) नाटक; (2) प्रकरण; (3) भाण; (4) व्यायोग; (5) समवकार; (6) डिम; (7) ईहामृग; (8) अंक; (9) वीथी; (10) प्रहसन[1]। इन दस रूपकों के अतिरिक्त अठारह **उपरूपक** भी होते हैं।

---

1. नाटकमथ प्रकरणं भाण-व्यायोग-समवकार-डिमाः।
   ईहामृगाङ्कवीथ्यः प्रहसनमिति रूपकाणि दश॥

—साहित्यदर्पण, षष्ठ परिच्छेद

श्रव्यकाव्य के दो मुख्य भेद हैं: (1) प्रबन्ध, (2) मुक्तक।

प्रबन्ध

प्रबन्धकाव्य वह है जिसमें कोई कथासूत्र वर्तमान हो। प्रबन्ध के दो भेद होते हैं: (क) महाकाव्य, (ख) खंडकाव्य। **महाकाव्य** की कथावस्तु विस्तृत होती है और उसमें जीवन का व्यापक चित्रण होता है।[1] जैसे कामायनी, साकेत, नूरजहाँ आदि। **खंडकाव्य** में जीवन के किसी एक अंश या खंड का चित्रण होता है। जैसे पंचवटी, पथिक, स्वप्न आदि।

मुक्तक

मुक्तक काव्य वह है जिसमें प्रबन्धकाव्य के समान पूर्वापर सम्बन्ध न हो, प्रत्येक छन्द अपने आप में पूर्ण हो। जैसे कबीर, रहीम या बिहारी के दोहे। ये दोहे अपने आप में पूर्ण हैं और इनका अर्थ करने के लिये आगे पीछे के सम्बन्ध या प्रसंग की आवश्यकता नहीं होती। आगे-पीछे से कोई सम्बन्ध नहीं रहने से ही ये मुक्त या स्वतंत्र माने जाते हैं। मुक्त को ही **मुक्तक** कहते हैं जैसे बाल को बालक।

मुक्तक गीत के रूप में भी पाये जाते हैं। उन्हें **प्रगीत मुक्तक** कहते हैं। जैसे विद्यापति, सूर, मीरा आदि के गेय पद। प्रसाद, निराला, पंत, महादेवी ने भी बहुत सारे प्रगीत मुक्तक लिखे हैं।

---

1. महाकाव्य की परिभाषा

(1) **वस्तु—** ऐतिहासिक कथानक।

(2) **नायक—** (क) देवता, (ख) कुलीन, धीरोदात्त क्षत्रिय अथवा अन्य जातीय; (ग) एक कुल के बहुत से राजे। इनमें से कोई एक।

(3) **रस—** शृंगार, वीर, शांत में से किसी एक रस की प्रधानता; शेष रस अप्रधान या अंग रूप में।

(4) **विस्तार—** आठ से अधिक सर्ग; न बहुत छोटे, न बहुत बड़े। (महाकाव्य के विभाग को सर्ग कहते हैं जैसे नाटक के विभाग को अंक।)

(5) **वर्ण्य विषय—** धर्म, अर्थ, काम, मोक्ष में से किसी एक की प्रमुखता। सज्जन-प्रशंसा; दुर्जन-निंदा।

प्राकृतिक-सौंदर्य, जैसे संध्या-प्रभात, दिन-रात, सूर्य-चंद्र; पर्वत-समुद्र; वन-उपवन; ऋतु-पुष्प; संयोग-वियोग; विवाह-पुत्रजन्म; युद्ध-अभियान आदि।

(6) **छंद—** एक सर्ग में एक छंद; किसी सर्ग में अनेक छंदों का भी प्रयोग; सर्ग के अंत में छंद-परिवर्तन और भावी कथा का संकेत।

(7) **नाम—** महाकाव्य का नामकरण कवि के नाम पर, वस्तु के नाम पर, नायक के नाम पर, किसी घटना, व्यक्ति या स्थान के नाम पर हो सकता है। सर्ग का नामकरण उस सर्ग में वर्णित विषय के आधार पर होता है।

तृतीय आधार

रमणीयता के आधार पर काव्य के निम्नलिखित भेद हैं:

(क) उत्तम— वह काव्य जिसमें **व्यंग** अर्थप्रधान हो। इसको ध्वनिकाव्य कहते हैं।

बहुरि बदन-बिधु अंचल ढाँकी। पियतन चितइ भौंह करि बाँकी।
खंजन-मंजु तिरीछे नैननि। निज पति कहेउ तिन्हहिं सिय सैननि।

रा० च० मा० अयोध्या-कांड

इस चौपाई में सीता की सलज्जता और शील की रमणीय व्यंजना होने से उत्तम काव्य है।

(ख) मध्यम— वह काव्य जिसमें व्यंग्य अर्थ **गौण** हो। इसे गुणीभूत-व्यंग्य काव्य कहते हैं।

थके नयन रघुपति छबि देखी। पलकन हू परिहरी निमेखी।
अधिक सनेह देह भइ भोरी। सरद ससिहि जनु चितव चकोरी।

रा० च० मा० बाल-कांड

पुष्पवाटिका में राम के सौन्दर्य को देखकर सीता स्नेह से वैसे ही विभोर हो गयीं, जैसे चन्द्रमा को देखकर चकवी विभोर हो जाती है। यहाँ चौपाई के वाच्यार्थ (सीता का भाव-विभोर होना) और व्यंग्यार्थ ('देह भइ भोरी' से प्रतीत होनेवाला जड़ता-रूप संचारी-भाव) में कौन अधिक रमणीय है, यह कहना कठिन है। तात्पर्य यह कि यहाँ व्यंग्यार्थ प्रधान न होकर गौण है। अत: मध्यम काव्य है।

(ग) अधम—वह काव्य जिसमें **व्यंग्य** अर्थ का अभाव हो, अर्थात् केवल अलंकार हो। इसे **चित्रकाव्य** भी कहते हैं। चित्र की तरह निष्प्राण होने से इसका नाम चित्रकाव्य है। कुछ रचनाएँ खड्ग (तलवार), मुरज (मृदंग), कमल आदि के चित्रों में अक्षर-विन्यास करके प्रस्तुत की जाती हैं, इसलिये भी इसे चित्रकाव्य कहते हैं।

कूलन में केलि में कछारन में कुंजन में
क्यारिन में कलिन कलीन, किलकंत है।
कहै 'पदमाकर' परागन में पौन हू में
पानन में पिक में पलासन पगंत है।
द्वार में दिसान में दुनी में देस देसन में
देखौ दीप दीपन में दीपत दिगंत है।
बीथिन में ब्रज में नबेलिन में बेलिन में
बनन में बागन में बगर्‌यो बसंत है।

इस कवित्त में न कोई भाव है, न रस, न कोई अन्य व्यंग्य अर्थ; केवल शब्दालंकार का आडंबर है। अतः यह **अधम** काव्य है।

शब्द और अर्थ

काव्य की परिभाषा में शब्द और अर्थ का उल्लेख हुआ है, अतः इनका स्वरूप जानना आवश्यक है। शब्द और अर्थ का स्वरूप स्पष्ट हुए बिना न तो काव्य का अर्थ भली-भाँति समझ में आ सकता है और न उससे आनन्द प्राप्त हो सकता है। काव्य ही क्या, मनुष्य का समस्त लौकिक व्यवहार भाषा से ही संपन्न होता है; प्रेम-द्वेष, हँसी-मजाक, खान-पान, खरीद-बिक्री, कुछ भी बिना भाषा के संभव नहीं और शब्द-अर्थ भाषा के अनिवार्य अंग हैं।

प्रश्न है कि शब्द और अर्थ किसे कहते हैं? ध्वनियों का समूह **शब्द** है और उसे सुनकर हम जो समझते हैं वह **अर्थ** है। किसी ने कहा 'हाथी'। इस ध्वनिसमूह (शब्द) को सुनकर हमारे मन में जिस विशालकाय जन्तु की प्रतीति हुई, वही हाथी शब्द का अर्थ है।

शब्द—ध्वनिसमूह।

अर्थ—वस्तु।

अब दूसरा प्रश्न है कि शब्द और अर्थ में सम्बन्ध क्या है? ऊपर के उदाहरण से स्पष्ट है कि शब्द से अर्थ का बोध होता है; 'हाथी' शब्द सुनकर उसके अर्थ का बोध होता है। अतः **शब्द** हुआ **बोधक**—बोध कराने वाला; **अर्थ** हुआ **बोध्य**—जिसका बोध कराया जाए और दोनों में **सम्बन्ध** हुआ **बोध्य-बोधक-भाव**।

शब्द—बोधक।

अर्थ—बोध्य।

सम्बन्ध—बोधक-बोध्य-भाव।

तीसरा प्रश्न है कि शब्द से अर्थ कैसे प्राप्त होता है? इस प्रश्न पर विचार करने के पहले यह स्मरण रखना है कि शब्द का कोई निश्चित अर्थ नहीं होता। शब्द के अर्थ का निर्धारण अनेक आधारों पर करना होता है, जैसे कौन बोल रहा है (वक्ता), किससे बोल रहा है (श्रोता), कहाँ बोल रहा है (देश), कब बोल रहा है (काल), कैसे बोल रहा है (काकु और चेष्टा), वहाँ वक्ता और श्रोता के अतिरिक्त कोई अन्य व्यक्ति है (अन्य-सन्निधि), बोलने का प्रसंग क्या है (प्रकरण) आदि। एक उदाहरण लीजिये। सभी जानते हैं कि 'न' का अर्थ निषेध है। इससे न तो छोटा शब्द संभव है और न सरल; एक अक्षर का शब्द जिसके अर्थ

में किसी को संदेह नहीं किन्तु इस 'न' का अर्थ भी निश्चित नहीं है; इसका अर्थ बदलता ही नहीं, बिलकुल विपरीत हो जाता है। 'मैंने आपसे कहा था **न**।' 'बोलिये **न**, चुप क्यों हैं?' 'इनकी बात सुन रहे हैं **न**?'—इन वाक्यों में 'न' का अर्थ 'हाँ' है, 'ना' नहीं; विधि है, निषेध नहीं। जब एक अक्षर के इस शब्द का अर्थ इतना अनिश्चित हो सकता है तो बड़े शब्दों और उनसे भी बढ़कर वाक्यों के अर्थ-भेद की कल्पना सहज ही की जा सकती है। तात्पर्य कि शब्द से अर्थ की प्राप्ति एक ऐसी प्रक्रिया है जिसमें काफी सोच-समझकर ही कुछ कहा जा सकता है। शब्द का अर्थ ठीक से नहीं समझने के कारण ही बहुत बार गलतफहमी, झगड़ा या मतभेद हो जाता है। शब्द के अर्थ की इस अनिश्चितता को संस्कृत की एक उक्ति बहुत अच्छी तरह व्यक्त करती है—'सर्वे सर्वार्थवाचकाः' : सभी शब्द सभी अर्थों के वाचक होते हैं, तात्पर्य कि किसी शब्द से कोई भी अर्थ निकल सकता है।

शब्द और अर्थ के सम्बन्ध पर विचार करने से स्पष्ट हो जाता है कि उनके अनेक रूप और स्तर होते हैं:

शब्द	अर्थ	शक्ति
वाचक	वाच्य (अभिधेय)	अभिधा
लक्षक	लक्ष्य	लक्षणा
व्यंजक	व्यंग्य	व्यंजना

अभिधा

कोई भी काम बिना शक्ति लगाये नहीं होता। लिखना, पढ़ना, बोलना, चलना, सबमें शक्ति लगती है। इसी तरह शब्द से अर्थ निकालने के लिये भी शक्ति अनिवार्य है। शब्द में अर्थ है पर वह बिना शक्ति के नहीं प्राप्त हो सकता। **शक्ति** को **वृत्ति** या **व्यापार** भी कहते हैं।

शब्द का प्रसिद्ध अर्थ देनेवाली शक्ति अभिधा है।

प्रत्येक शब्द का एक अर्थ प्रयोग में प्रचलित और प्रसिद्ध रहता है इसीलिये उस शब्द को सुनते ही वह अर्थ मन में अनायास जग पड़ता है। जैसे 'हाथी' सुनते ही एक काले, विशालकाय जन्तु का रूप मन पर अंकित हो जाता है। 'चाँद' कहने पर एक चमकीले ग्रह-पिंड का बिंब मन में उपस्थित होता है। इसी प्रकार 'बैल' से पशुविशेष का, 'उल्लू' से पक्षिविशेष का, 'हिमालय' से पर्वतविशेष का, 'गंगा' से नदीविशेष का अर्थ अनायास उपस्थित हुआ करता है। उपर्युक्त शब्दों के ये अर्थ समाज में प्रसिद्ध हैं। इस स्तर पर प्रयुक्त **शब्द** को **वाचक**, उससे प्राप्त **अर्थ** को **वाच्य** और शब्द से अर्थ प्राप्त करनेवाली **शक्ति** को **अभिधा** कहते हैं।

किन्तु सदा हम शब्द का प्रसिद्ध अर्थ ही नहीं लेते। किसी अत्यन्त स्थूलकाय मनुष्य की ओर इशारा कर, जब कोई कहता है कि "देखो, हाथी आ रहा है" तो यहाँ हाथी का प्रसिद्ध अर्थ लेना असंगत है क्योंकि जिसे दिखाकर हाथी कहा जा रहा है, वह पशु नहीं, मनुष्य है। हाथी का प्रसिद्ध या मुख्य अर्थ पशु है; मनुष्य तो उसका अप्रसिद्ध या अमुख्य या गौण अर्थ है। इसी प्रकार किसी सुन्दर मुख की ओर अंगुलिनिर्देश करते हुए जब कोई मनचला कहता है कि 'वह चाँद देखो' तो यहाँ चाँद का अर्थ आकाशस्थ ग्रह-पिंड नहीं है। ऐसे ही किसी की मूर्खता से खीज कर जब हम कहते हैं कि 'तू निरा बैल है' तो **निश्चित** ही हमारे मन में यह भ्रम नहीं रहता कि वह चौपाया जानवर है। उसे **'बैल' कह**कर हम यही बताना चाहते हैं कि वह बैल के जैसा बुद्धिहीन है। इन उदाहरणों पर ध्यान देने से अर्थ का एक दूसरा रूप सामने आता है और वह यह है कि शब्द का सदा प्रसिद्ध या मुख्य अर्थ लेने से ही काम नहीं चलता, कभी-कभी अप्रसिद्ध या गौण अर्थ भी अपेक्षित होता है। इस स्तर पर **अभिधा शक्ति** का कार्य समाप्त हो जाता है और हमें **लक्षणा** की सहायता लेनी पड़ती है। अभिधा केवल प्रसिद्ध या मुख्य अर्थ दे सकती है; अप्रसिद्ध या गौण अर्थ देने का काम लक्षणा का है।

वाच्य (मुख्य) अर्थ बाधित (असंगत) होने पर, रूढ़ि अथवा प्रयोजन के कारण, जिस शक्ति से मुख्य अर्थ से सम्बद्ध अन्य (गौण) अर्थ की प्रतीति होती है, उसे **लक्षणा** कहते हैं।

लक्षणा की इस परिभाषा में तीन बातें ध्यातव्य हैं:

1. मुख्यार्थ-बाध।
2. मुख्यार्थ-लक्ष्यार्थ-सम्बन्ध।
3. रूढ़ि **अथवा** प्रयोजन।

1. मुख्यार्थ-बाध— लक्षणा की आवश्यकता तभी पड़ती है जब मुख्यार्थ (वाच्यार्थ) लेने से काम नहीं चल रहा हो, तात्पर्य कि उसमें किसी प्रकार की असंगति उपस्थित हो रही हो। जैसे, जब किसी मनुष्य को कोई बैल कहता है तो यहाँ बैल का मुख्यार्थ (पशुत्व) बाधित हो रहा है। मनुष्य बैल नहीं हो सकता और तब भी उसे बैल कहा जा रहा है; इससे बढ़कर प्रत्यक्ष बाधा या असंगति और क्या होगी? अतः मनुष्य को बैल समझने में बाधा पड़ रही है अर्थात बैल का पशु अर्थ (जो उसका मुख्यार्थ है) लेने से बात नहीं बन रही है। इससे स्पष्ट है कि इस शब्द के प्रयोग के पीछे वक्ता का कुछ विशिष्ट अभिप्राय है। वह अभिप्राय है उस मनुष्य की मूर्खता की अतिशयता बताना। मूर्ख कहने से मूर्खता की अतिशयता सूचित नहीं होती; लगता है कि हम जो कहना चाहते हैं उसे पूरी तरह नहीं कह पाये; मूर्ख कहने से मामूली मूर्खता प्रकट होती है पर बैल कह देने पर मूर्खता की पराकाष्ठा प्रकट हो जाती है; फिर कुछ कहने को बाकी नहीं रह जाता। मूर्खता प्रकट करने के लिये इससे अधिक समर्थ साधन भाषा में है **ही**

नहीं। बैल कह देने पर मन को संतोष हो जाता है कि जितना कहना था उतना कह दिया। तो मूर्खता की अतिशयता व्यक्त करने की जो समता बैल शब्द में है, वह मूर्ख शब्द में नहीं है। यही कारण है कि यहाँ अभिधा को छोड़कर लक्षणा की सहायता लेनी पड़ती है। वक्ता जितना कहना चाहते हैं, वह अभिधा से संभव नहीं हो पाता। अभिधा मुख्य शक्ति है; उसे यों ही नहीं छोड़ा जा सकता; उसे छोड़ने के लिये कोई कारण चाहिये। उसी कारण का निर्देश दो शब्दों से किया गया है: **रूढ़ि** अथवा **प्रयोजन**। रूढ़ि कहते हैं प्रयोग-प्रसिद्धि को अर्थात् वैसा बोलने का प्रचलन है, तरीका है। उदाहरणार्थ, 'मुझे देखते ही वह नौ दो ग्यारह हो गया' इस वाक्य में 'नौ दो ग्यारह हो गया' का अर्थ है 'चंपत हो गया' । 'नौ दो ग्यारह होना' का अर्थ चंपत होना या भागना क्यों होता है, यह कोई नहीं बता सकता। इसके बदले यदि कोई कहे कि 'मुझे देखते ही वह बीस तीस चालीस हो गया' तो इसका कोई अर्थ नहीं होगा। चंपत होने या भागने की रूढ़ि अर्थात् प्रसिद्धि 'नौ दो ग्यारह होना' में ही है और वह भी 'नौ दो ग्यारह', इसी क्रम में इसे उलट कर कोई 'ग्यारह दो नौ' कर दे तो अर्थ स्पष्ट नहीं होगा। ऐसे ही 'वह क्रोध से आग-बबूला हो गया' के बदले यदि कोई कहे कि 'वह क्रोध से अनल-बबूला या वह्नि-बबूला हो गया' तो कोई अर्थ नहीं निकलेगा क्योंकि रूढ़ि 'आग-बबूला' में ही है। तो, मुख्यार्थ के बदले गौणार्थ लेने का एक कारण है मूढ़ि। दूसरा कारण है प्रयोजन अर्थात् हमारे मन में कोई ऐसा अभिप्राय है जो प्रयुक्त शब्द से व्यक्त नहीं हो रहा है। जैसे ऊपर वाले उदाहरण में 'मूर्ख' कहने से मूर्खता की उत्कटता उस सीमा तक नहीं व्यक्त होती जिस सीमा तक 'बैल' कहने से। यहाँ मूर्खता की अतिशयता बताना प्रयोजन है।

पर चाहे रूढ़ि हो, चाहे प्रयोजन, हर किसी शब्द से हर कोई अर्थ नहीं निकल सकता। मुख्यार्थ को छोड़कर जब भी गौणार्थ लिया जाएगा तो वह मुख्यार्थ से सम्बद्ध होना चाहिये। यदि यह नियम न हो तो कोई सूर्य शब्द से चंद्र का, पृथ्वी शब्द से आकाश का, जल शब्द से अग्नि का अर्थ निकालने का भी प्रयास कर सकता है और यदि ऐसा होने लगे तो भाषा के क्षेत्र में अराजकता मच जाएगी और भाषा अबोध्य बन जाएगी। इसीलिये यह नियम किया गया कि गौणार्थ मुख्यार्थ से असम्बद्ध नहीं होना चाहिये। 'वह बैल है', इस वाक्य में मनुष्य और बैल में **सादृश्य** सम्बन्ध है अर्थात् बुद्धिहीनता की दृष्टि से मनुष्य और बैल दोनों समान हैं। इस सादृश्य सम्बन्ध को लेकर ही मनुष्य को बैल कहा जाता है। ऐसे ही 'उनका लड़का शेर है' में लड़के और शेर में बल की दृष्टि से सादृश्य है। 'उसका मुख चाँद है' में चमक और सौन्दर्य का सादृश्य है। गौणार्थ को लक्ष्यार्थ भी कहते हैं। तो लक्षणा तभी होती है जब (1) मुख्यार्थ बाधित हो; (2) लक्ष्यार्थ उससे (मुख्यार्थ से) सम्बद्ध हो और (3) मुख्यार्थ को छोड़कर लक्ष्यार्थ लेने के पीछे रूढ़ि तथा प्रयोजन में से किसी एक का आधार हो।

लक्षणा के प्रमुख भेद

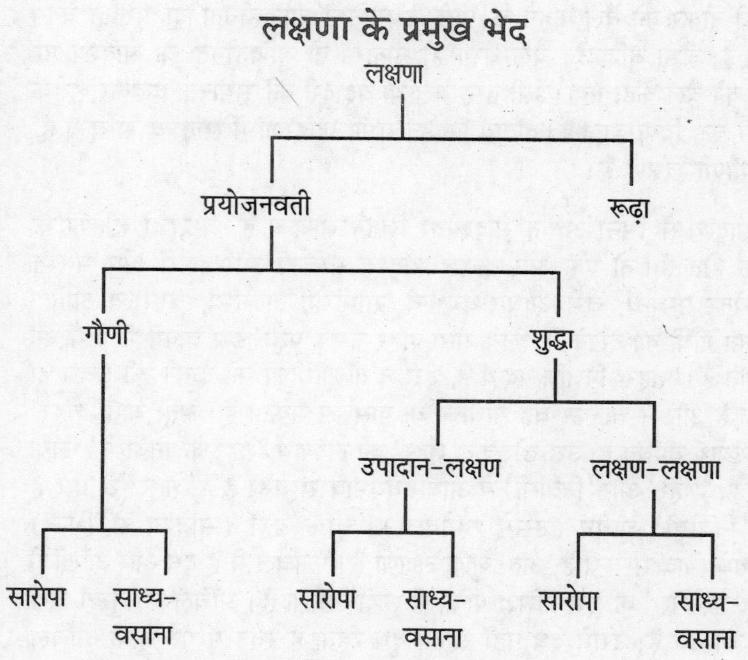

लक्षणा के उपर्युक्त भेदों के आधार निम्नलिखित हैं:

1. मुख्यार्थ और लक्ष्यार्थ में कौन-सा **सम्बन्ध** है?
2. मुख्यार्थ-लक्ष्यार्थ **दोनों** साथ हैं या **केवल** लक्ष्यार्थ है?
3. विषय (उपमेय) और विषयी (उपमान) **दोनों** हैं या केवल विषयी है?

गौणी और शुद्धा

सम्बन्ध अनेक प्रकार के होते हैं। ऊपर सादृश्य सम्बन्ध का उल्लेख हुआ है। सादृश्य के अतिरिक्त बहुत सारे सम्बन्ध हैं जैसे आधाराधेयभाव, सामीप्य, तात्कर्म्य, वैपरीत्य आदि। इन सम्बन्धों के आधार पर लक्षणा के दो भेद होते हैं: **गौणी** और **शुद्धा**। **सादृश्य** सम्बन्ध में **गौणी** लक्षणा होती है और **सादृश्येतर** (सादृश्य से भिन्न किसी दूसरे, जैसे आधाराधेयभाव, सामीप्य आदि) सम्बन्ध में शुद्धा लक्षणा। सादृश्य सम्बन्ध के उदाहरण हैं: मुख चंद्र है; चरण कमल है; नौकर बैल है; लड़का शेर है; आदि। मुख को चंद्र इसलिये कहते हैं कि चंद्र में जैसी चमक है वैसी ही मुख में भी है; चंद्र को देखकर जैसे हृदय आह्लादित होता है वैसे ही मुख को देखकर भी। इस प्रकार चंद्र और मुख में सादृश्य (समानता) होने से "मुख चंद्र है" यह प्रयोग होता है। "चरण कमल है" कहने का कारण है कि जैसी कोमलता और लाली कमल में है वैसी ही चरण में भी है। अतः दोनों के सादृश्य—कोमलता और लाली—के आधार पर चरण को कमल कह दिया गया।

ऐसे ही नौकर को बैल कहने के पीछे उभयनिष्ठ बुद्धिहीनता या मूर्खता काम करती है; जैसा बुद्धिहीन बैल वैसा ही नौकर। तो बुद्धिहीनता के सादृश्य पर नौकर को बैल कहा गया। इसी तरह बल या बहादुरी की समानता देखकर लड़के को शेर कह दिया जाता है। तात्पर्य कि इन सभी उदाहरणों में **सादृश्य** सम्बन्ध हैं, अतः **गौणी** लक्षणा है।

सादृश्य से भिन्न अर्थात् **सादृश्येतर** जितने सम्बन्ध हैं, वे शुद्धा लक्षणा के साधक होते हैं। तो एक ओर केवल सादृश्य सम्बन्ध और दूसरी ओर समस्त सादृश्येतर सम्बन्ध; जैसे आधाराधेयभाव, सामीप्य, तात्कर्म्य, वैपरीत्य आदि। 'महात्मा गाँधी को देखने के लिये सारा शहर उमड़ पड़ा' इस वाक्य में अर्थ की असंगति है। 'शहर' निर्जीव पदार्थ है, उसे न तो गाँधीजी को देखने की इच्छा हो सकती है और न चलकर वह गाँधीजी के पास जा सकता है। अतः यहाँ 'शहर' का मुख्यार्थ बाधित है; उसे छोड़कर 'शहर' का लक्ष्यार्थ 'शहर के निवासी' लिया जाता है। 'शहर' और 'निवासी' में आधाराधेयभाव सम्बन्ध है—'शहर' आधार है और 'निवासी' आधेय (उसमें रहनेवाले)। चूँकि यहाँ (सादृश्य से भिन्न) आधाराधेयभाव सम्बन्ध है, अतः शुद्धा लक्षणा है। 'आँचल में है दूध और आँखों में पानी' 'यशोधरा' की इस प्रसिद्ध पंक्ति में शुद्धा लक्षणा है। आँचल का मुख्य अर्थ साड़ी का छोर है; उसमें दूध नहीं रहता; दूध रहता है स्तन में पर चूँकि आँचल सदा स्तन के समीप रहता है, अतः आँचल और स्तन में सामीप्य सम्बन्ध के कारण आँचल से स्तन का बोध होता है । यहाँ सामीप्य सम्बन्ध के कारण शुद्धा लक्षणा है। किसी मंत्री के निजी सचिव को लक्ष्य कर जब कोई किसी से कहता है कि 'मंत्रीजी को छोड़िये। असली मंत्री तो ये ही हैं। इन्होंने जब कह दिया तो आपका काम हो जाएगा'; तब यहाँ भी मुख्यार्थ बाधित है। निजी सचिव निजी सचिव है, वह मंत्री नहीं है, यह स्पष्ट है। फिर भी कहनेवाला उसे 'असली मंत्री' कहता है। इसका कारण यह है कि मंत्री का सारा कार्य वह निजी सचिव ही करता है—वह इतना प्रभावशाली या दक्ष है। तो यहाँ तात्कर्म्य (उसका कर्म करना) सम्बन्ध से लक्षणा हो रही है। जब गोपियों ने उद्धव को 'ऊधो तुम अति चतुर सुजान' कहा तो वे वस्तुतः उद्धव को बेवकूफ बना रही थीं। जो जिसका पात्र नहीं हो उससे वह बात कहना बेवकूफी नहीं तो और क्या है? गोपियों को कृष्ण से अनन्य अनुराग है। उन्हें ब्रह्म की अद्वैतता का उपदेश सुनने की न तो चाह है और न योग्यता। उन्हें उद्धव लगातार शुष्क ज्ञान का उपदेश दिये जा रहे हैं। यह ऊटपटांग काम चतुर या बुद्धिमान नहीं कर सकता। फिर भी गोपियों ने उद्धव को जो चतुर और सुजान कहा है वह उनकी चतुरता या सुजानता दिखाने के लिए नहीं, बल्कि बेवकूफी दिखाने के लिए। यहाँ चतुर और सुजान के मुख्यार्थ बाधित हैं और उनसे चतुरता का अभाव और अज्ञता का बोध कराया जा रहा है। दोनों में वैपरीत्य सम्बन्ध है। अतः शुद्धा लक्षणा है।

उपादान लक्षणा और लक्षण लक्षणा

कहीं तो लक्ष्यार्थ के साथ मुख्यार्थ भी वर्तमान रहता है और कहीं मुख्यार्थ बिलकुल छूट जाता है, केवल लक्ष्यार्थ रह जाता है। जहाँ मुख्यार्थ और लक्ष्यार्थ दोनों रहते हैं वहाँ **उपादान** लक्षणा होती है (उपादान का अर्थ है आदान अर्थात् ग्रहण अर्थात् लक्ष्यार्थ के साथ मुख्यार्थ का भी ग्रहण हो) और जहाँ केवल लक्ष्यार्थ रह जाता है, मुख्यार्थ का ग्रहण होता ही नहीं, वहाँ लक्षण लक्षणा होती है। 'लालपगड़ी के आते ही वह नौ दो ग्यारह हो गया।' इस वाक्य में लालपगड़ी का मुख्यार्थ लेने में बाधा है; लालपगड़ी को देखकर कोई नहीं भागता; लालपगड़ी सड़क पर पड़ी हो तो उसे देखकर कोई थोड़े ही भागेगा ? यहाँ 'लालपगड़ी' से तात्पर्य 'लालपगड़ीधारी' सिपाही से है। तो 'लालपगड़ी' का लक्ष्यार्थ 'लालपगड़ीधारी' है। इस लक्ष्यार्थ (लालपगड़ीधारी) में मुख्यार्थ (लालपगड़ी) का भी उपादान (ग्रहण) हो रहा है; लालपगड़ी कहने से लालपगड़ीधारी का ही बोध होता है, पीली या नीली पगड़ीधारी का नहीं। अतः यहाँ **उपादान लक्षणा** है। 'वह पढ़ाने में बहुत कुशल है।' इस वाक्य में कुशल का मुख्यार्थ बाधित है। कुशल का मुख्यार्थ है कुश लानेवाला—कुश + ल। कुश लाने और पढ़ाने में कोई संगति नहीं है। अतः यहाँ कुशल का अर्थ निपुण लेना पड़ता है जो उसका लक्ष्यार्थ है। बात यह है कि जंगल से कुश लाने में विवेचकत्ता और सावधानी की अपेक्षा होती है; एक तो बहुत सारे तृणों में से कुश को पहचानना और दूसरे उसको सावधानी से उखाड़ना जिससे उसके नुकीले अग्रभाग से उँगलियाँ छिदें नहीं। कुश का अग्रभाग बहुत नुकीला (तीक्ष्ण) होता है; इसीलिये बहुत तीक्ष्ण बुद्धिवाले को कुशाग्रबुद्धि (कुश के अग्रभाग के समान बुद्धिवाला) कहते हैं। तो, वह पढ़ाने में बहुत कुशल हैं; इस वाक्य में कुशल का मुख्यार्थ (कुश लानेवाला) बिलकुल छोड़ दिया गया है, उसका केवल लक्ष्यार्थ (निपुण) अभीष्ट है। मुख्यार्थ का ग्रहण नहीं होने से यह लक्षण लक्षणा हुई।

सारोपा और साध्यवसाना

सारोपा का अर्थ है **आरोप** के साथ। आरोप कहते हैं दो वस्तुओं में अभेद बताना। विषय और विषयी में अर्थात् उपमेय और उपमान में, यदि दोनों का शब्द द्वारा निर्देश करते हुए, अभेद बताया जाए तो उसे सारोपा लक्षणा कहते हैं और यदि विषय-विषयी में विषय का नाम लें ही नहीं, केवल विषयी का ही नाम लें तो उसे **साध्यवसाना** लक्षणा कहते हैं।

मुख चंद्र है; चरण कमल है; इन वाक्यों में विषय (मुख) और विषयी (चंद्र) का शब्द द्वारा कथन है। विषय-विषयी, दोनों का कथन होने से यहाँ सारोपा लक्षणा है।

केवल विषयी का कथन होने पर साध्यवसाना लक्षणा होती है। सारोपा के ही उदाहरणों में यदि विषय का कथन न करें तो वे साध्यवसाना के उदाहरण बन

जाएँगे। जैसे कोई किसी रमणी के मुख की ओर इशारा करके कहे कि 'चाँद निकला' तो यहाँ विषय (मुख) का निर्देश नहीं है, केवल विषयी (चाँद) का निर्देश है, अतः साध्यवसाना लक्षणा हुई। नौकर पर खीझ कर कोई कहे कि 'बैल कहीं का' तो इस वाक्य में विषय (नौकर) का निर्देश नहीं है; केवल विषयी (बैल) का निर्देश है; अतः यह भी साध्यवसाना है।

ऊपर के विवेचन के आधार पर लक्षणा के भेदों का स्पष्टीकरण इस प्रकार है :

गौणी लक्षणा—सादृश्य संबंध।

शुद्धा लक्षणा—सादृश्येतर संबंध।

उपादान लक्षणा—मुख्यार्थ = लक्ष्यार्थ (दोनों)।

लक्षण लक्षणा—लक्ष्यार्थ (केवल)।

सारोपा लक्षणा—विषय + विषयी (दोनों)।

साध्यवसाना लक्षणा—विषयी (केवल)।

व्यंजना

अभिधा और लक्षणा की सीमा के बाहर पड़नेवाले अर्थ को जो शक्ति व्यक्त करती है, उसे **व्यंजना** कहते हैं।

जैसा हमने देखा है, अभिधा का काम है मुख्यार्थ का बोध कराना और लक्षणा का काम है लक्ष्यार्थ का बोध कराना। पर इन दोनों के अतिरिक्त भी एक अर्थ होता है जो न अभिधा से प्राप्त होता है और न लक्षणा से; उसके लिये व्यंजना की सहायता लेनी पड़ती है। व्यंजनाशक्ति से जो अर्थ निकलता है उसे **व्यंग्य** कहते हैं और जिस शब्द से वह अर्थ निकलता है उसे **व्यंजक** कहते हैं। उत्तम **व्यंग्य** अर्थ का ही दूसरा नाम **ध्वनि** है। वाच्य और लक्ष्य अर्थों की अपेक्षा व्यंग्य अर्थ में अधिक सूक्ष्मता और रमणीयता रहती है और काव्य में रमणीयता का सर्वाधिक महत्त्व है, इसीलिये व्यंग्यार्थ को काव्य की आत्मा माना गया है। एक छोटा-सा वाक्य लीजिये—'सूरज डूब गया।' इसका वाच्यार्थ (मुख्यार्थ), जो अभिधा से प्राप्त होता है केवल एक है कि सूर्यास्त हो गया किन्तु वक्ता-श्रोता के अनुसार इसके व्यंग्यार्थ अनंत हो सकते हैं। मंदिर का पुजारी यदि अपने चेले से कहता है कि 'सूरज डूब गया' तो इसका अर्थ होगा कि 'दीप जलाओ; आरती-वंदन की तैयारी करो'। यदि निर्जन मार्ग पर जाता हुआ राही अपने साथी से कहता है कि 'सूरज डूब गया' तो अर्थ होगा कि कहीं पास के पड़ाव पर टिक रहना चाहिए; अँधेरे में चलना ठीक नहीं। यदि यही वाक्य एक चोर दूसरे चोर से कहता है तो अर्थ होगा कि चोरी का सरोसामान ठीक करना चाहिए। यदि हल चलाते हुए किसान से कोई कहता है कि 'सूरज डूब गया' तो इसका अर्थ हुआ कि 'अब हल चलाना बन्द करो'। इस तरह इस एक वाक्य से वक्ता-श्रोता के अनुसार न जाने

कितने अर्थ निकल सकते हैं। यह व्यंजना शक्ति का चमत्कार है।

व्यंजना के दो भेद हैं: शाब्दी और आर्थी।

(1) **शाब्दी** व्यंजना वहाँ होती है जहाँ **अनेकार्थक** शब्दों का प्रयोग हो।

(2) **आर्थी** व्यंजना वहाँ होती है जहाँ **एकार्थक** शब्दों का प्रयोग हो।

शब्द दो प्रकार के होते हैं: **एकार्थक** और **अनेकार्थक**। कुछ शब्द ऐसे हैं जिनका एक ही अर्थ होता है; जैसे पुस्तक, दवा। पर कुछ शब्द ऐसे हैं जिनके अनेक अर्थ होते हैं; जैसे, 'कलम'। इसके अनेक अर्थ हैं—लेखनी, पेड़ की वह टहनी जो काटकर एक जगह से दूसरी जगह लगायी जाती है; चित्रकार की कूँची आदि। इसी प्रकार 'पानी' शब्द के अनेक अर्थ हैं—जल, चमक, प्रतिष्ठा। तो जहाँ **एकार्थक** शब्दों से व्यंग्यार्थ निकलता है वहाँ आर्थी व्यंजना होती है और जहाँ अनेकार्थक शब्दों से व्यंग्यार्थ निकलता है, वहाँ शाब्दी व्यंजना होती है।

शाब्दी व्यंजना का उदाहरण—

चिर जीवो जोरी जुरै, क्यों न सनेह गँभीर।
को घटि ये वृषभानुजा, वे हलधर के वीर॥—बिहारी

यहाँ राधा और कृष्ण की जोड़ी के वर्णन के साथ एक अन्य अर्थ की भी प्रतीति होती है—गाय और साँड़ की जोड़ी की। यह प्रतीति 'वृषभानुजा' और 'हलधर के वीर' इन दो अनेकार्थक शब्दों की सहायता से होती है। वृषभानुजा का एक अर्थ है वृषभानु की पुत्री (वृषभानु +जा) और दूसरा अर्थ है गाय (वृषभ + अनुजा); ऐसे ही 'हलधर के वीर' का एक अर्थ है बलराम (हलधर) के भाई (वीर) अर्थात् कृष्ण और दूसरा अर्थ है साँड़। अनेकार्थक शब्दों से व्यंग्यार्थ की प्रतीति होने से यहाँ शाब्दी व्यंजना है।

आर्थी व्यंजना का उदाहरण—

कोटि मनोज लजावन हारे। सुमुखि कहहु को अहहिं तुम्हारे॥
सुनि सनेहमय मंजुल बानी। सकुचि सीय मन मँह मुसकानी॥

—तुलसीदास

बनवास के समय राम, सीता और लक्ष्मण के दिव्य रूप को देखकर वन की स्त्रियों ने सीता से राम की ओर संकेत कर परिचय पूछा तो उनकी स्निग्ध भोली वाणी सुनकर सीता ने संकोच के साथ मुस्कुरा दिया। सीता ने कुछ न बोलकर उनके प्रश्न का उत्तर नहीं दिया पर उनकी संकोच भरी मुस्कान ने बता दिया कि 'ये मेरे पति हैं'। यही इस चौपाई का व्यंग्यार्थ है। चूँकि इसमें सभी शब्द एकार्थक हैं, इसीलिए यह आर्थी व्यंजना का उदाहरण है।

■

रस

रस काव्य की आत्मा है अर्थात् रसयुक्त रचना को काव्य कहते हैं। रस का अर्थ है आनंद। तात्पर्य कि जिस रचना को पढ़कर आनंद प्राप्त हो वह काव्य है।

रस की निष्पत्ति (अनुभूति) कैसे होती है, इस विषय में 'नाट्यशास्त्र' नामक प्रसिद्ध ग्रंथ के रचयिता भरत-मुनि ने कहा है:

विभावानुभावव्यभिचारिसंयोगाद्ररस-निष्पत्तिः।

—विभाव, अनुभाव और व्यभिचारी (संचारी) भाव के संयोग से रस की निष्पत्ति होती है।

इस सूत्र में अनेक पारिभाषिक शब्द हैं जिनकी व्याख्या अपेक्षित है।

जब हम कोई काव्य पढ़ते हैं या नाटक देखते हैं तो उससे हमें आनंद प्राप्त होता है। प्रश्न है कि क्या आनंद उस काव्य या नाटक में है या स्वयं हममें? थोड़ा विचार करने पर स्पष्ट हो जायेगा कि आनंद हममें ही है, वह कहीं बाहर से नहीं आता; बाहर की वस्तु उसे केवल जगा देती है, अनुभव के योग्य बना देती है। जैसे आग लकड़ी में ही रहती है पर खुद नहीं जलती; बाहर से आग का स्पर्श करा देने से वह जल उठती है, ऐसे ही आनंद है। हमारे ही भीतर पर प्रसुप्त अवस्था में है—आवश्यकता है उसे जगा देने की—उद्‌बुद्ध कर देने की।

एक व्यावहारिक उदाहरण लीजिये। हममें प्रेम या क्रोध करने की क्षमता है किंतु हम सदा प्रेम या क्रोध नहीं करते। ये भाव हमारे मन में सोये रहते हैं लेकिन अनुकूल अवसर मिलने पर अनायास जग पड़ते हैं। जब किसी मनोनुकूल स्त्री या पुरुष से संपर्क होता है तो उसके प्रति आकर्षण होता है। यह आकर्षण ही प्रेम कहलाता है। इसी तरह जब मन के प्रतिकूल किसी का आचरण होता है तो उसके प्रति क्रोध उमड़ पड़ता है। जब तक कोई अनुकूल या प्रतिकूल व्यक्ति नहीं मिलता तब तक न तो हम प्रेम करते हैं, न क्रोध, हालाँकि ये भाव हमारे हृदय में सदा जन्म से लेकर मरणपर्यन्त वर्तमान रहते हैं। तात्पर्य कि प्रसुप्त भावों को जगाने के लिये किसी न किसी बाह्य वस्तु की आवश्यकता होती है और जगने के बाद ही ये अनुभव गोचर होते हैं। जब तक जगते नहीं तब तक पता नहीं चलता कि हमारे भीतर ये भाव भी हैं। इसी प्रकार आनंद भी हमारे ही भीतर है किंतु प्रसुप्त है। उसे जगाने के लिये, अनुभव गोचर बनाने के लिये काव्य-नाटक जैसी बाह्य वस्तु की जरूरत पड़ती है। उसे पढ़ने या देखने पर प्रसुप्त आनंद जग जाता है और हम इसका अनुभव करने लगते हैं। इसी को रसानुभूति कहते हैं।

मनुष्य के हृदय में अनेक भाव हैं किंतु उनमें काव्य के उपयुक्त थोड़े ही हैं। ये भाव दो प्रकार के हैं: (1) **स्थायी** और (2) **अस्थायी**। कुछ भावों में अधिक देर तक टिकने की योग्यता होती है, अतः उन्हें स्थायीभाव कहते हैं, जैसे प्रेम (रति), क्रोध, शोक आदि। किंतु कुछ भाव ऐसे होते हैं जो कम ही देर टिकते हैं; ऐसे अस्थायी भावों को **संचारी** या **व्यभिचारी** भाव कहते हैं। संचारी (सम् + चारी) का अर्थ है संचरण करने वाला अर्थात् अच्छी तरह चलने वाला, मतलब कि नहीं टिकने वाला। व्यभिचारी (वि + अभि + चारी) का अर्थ है (वि) विशेष रूप से (अभि) चारों ओर चरण करने वाला। अतः अर्थ की दृष्टि से **संचारी** और **व्यभिचारी** पर्याय हैं। भरत के सूत्र में व्यभिचारी शब्द का प्रयोग है। आधुनिक प्रयोग में संचारी शब्द अधिक आता है। किसी एक स्थायी भाव के साथ अनेक संचारी भाव रह सकते हैं। उदाहरणार्थ, प्रेम (रति) भाव के साथ हर्ष, लज्जा, शंका, चिंता, उत्सुकता आदि अनेक संचारी भाव रहते हैं।

भाव जिसके हृदय में रहते हैं, उसे **आश्रय** कहते हैं। जिसके हृदय में प्रेम है, वह प्रेम का आश्रय; जिसके हृदय में क्रोध है, वह क्रोध का आश्रय; जिसके हृदय में शोक है, वह शोक का आश्रय। किंतु जैसा ऊपर कहा गया है, इन भावों को जगाने के लिये किसी बाह्य वस्तु की आवश्यकता पड़ती है। जिस वस्तु या व्यक्ति के द्वारा ये भाव जगाये जाते हैं उसे **आलंबन** कहते हैं। आलंबन का अर्थ है अवलंब, आधार। तो जो भाव का आधार हुआ अर्थात् जिस पर भाव टिका, जिससे भाव जगा, वह उसका आधार या आलंबन हुआ। अगर वह न होता तो प्रेम टिकता किस पर ? इसी तरह जिसके प्रति क्रोध हो, वह क्रोध का आलंबन है; जिसके लिए शोक हो वह शोक का आलंबन। तात्पर्य कि प्रत्येक भाव के उद्‌बोध के लिये **आश्रय** (जिसमें वह भाव हो) और **आलंबन** (जिसके प्रति वह भाव हो) अनिवार्य हैं।

परंतु भाव का उद्‌बोध ही पर्याप्त नहीं है; वह रस की स्थिति में पहुँचे इसके लिये उसकी वृद्धि (उपचय) भी आवश्यक है। बीज के अंकुरित हो जाने से ही फल नहीं लग जाता। अंकुर बढ़े; उसे उचित मात्रा में धूप, हवा, पानी मिले, तभी वह फल देने में समर्थ होगा। भाव यदि अंकुरित होकर ही रह गया तो उससे रस की निष्पत्ति नहीं होगी। उसमें वृद्धि, विकास या उपचय जरूरी है। जिन कारणों से भाव में उपचय होता है, उन्हें **उद्दीपन** कहते हैं। उद्दीपन का अर्थ है उद्दीप्त करने वाला, बढ़ाने वाला। जैसे, प्रेम को बढ़ाने के साधन हैं प्रेमपात्र की मधुर वाणी, हाव-भाव, रमणीय प्राकृतिक दृश्य (उद्यान, चाँदनी, फूलों की सुगंधि) आदि। ऐसे ही हम किसी पर क्रोध कर रहे हों और वह भी आँख दिखाने लगे, कठोर वाणी बोलने लगे तो क्रोध और भी बढ़ेगा। तो ये प्रेम और क्रोध के उद्दीपन कहे जाएँगे। आलंबन की **चेष्टाएँ** तथा **देश** और **काल** ये **उद्दीपन** हैं।

आलंबन और **उद्दीपन,** दोनों **विभाव** कहलाते हैं। विभाव का अर्थ है आस्वादन (अनुभूति) के योग्य बनाने वाला अर्थात् जो स्थायी भाव को अनुभूति के योग्य बना दे। किसी के हृदय में प्रेम का भाव होने पर भी आलंबन या उद्दीपन के अभाव में, वह अनुभूति का विषय नहीं हो सकता। भाव तो अमूर्त, अत: अदृश्य है। किसी मूर्त आधार (व्यक्ति या वस्तु) को पाकर ही वह अनुभूतिगम्य हो सकता है। विभाव भाव के उद्‌बोध का कारण होता है।

भाव उत्पन्न होने पर तदनुरूप चेष्टाएँ हुआ करती हैं। इन शारीरिक चेष्टाओं को ही **अनुभाव** कहते हैं। अनु (पीछे) भाव (होनेवाला) अर्थात् जो भाव के बाद में उत्पन्न हो। अनुभाव की एक दूसरी व्युत्पत्ति भी है—अनुभव करानेवाला, तात्पर्य कि जिन चेष्टाओं से भाव का अनुभव हो। **अनुभाव** भाव के **कार्य** होते हैं। जैसे प्रेम स्थायीभाव के अनुभाव हैं—प्रेमपूर्वक एक-दूसरे को देखना, कटाक्ष, रोमांच आदि। क्रोध के अनुभाव हैं—आँखों का लाल होना, वाणी की कर्कशता, हाथ-पैर पटकना आदि।

जैसा कहा जा चुका है, एक **स्थायीभाव** के साथ अनेक **संचारी-भाव** रहा करते हैं। **संचारीभाव** रस के **सहकारी** होते हैं और रस को पुष्ट करते हैं। निष्कर्षत: रस के उपकरण हैं:

1. स्थायीभाव।
2. विभाव—(क) आलंबन; (ख) उद्दीपन।
3. अनुभाव।
4. संचारीभाव।

1. स्थायीभाव

चित्त में स्थिर रूप से रहने वाला भाव स्थायीभाव है। स्थायीभावों की संख्या 9 है।

(1) रति (प्रेम)—अनुकूल वस्तु में मन का अनुराग।

(2) हास—वेश, वाणी, चेष्टा आदि की विकृति से उत्पन्न उल्लास।

(3) शोक—प्रिय वस्तु के विनाश से चित्त की विकलता।

(4) क्रोध—प्रतिकूल के प्रति चित्त की उग्रता।

(5) उत्साह—कार्यारंभ के लिये दृढ़ उद्यम।

(6) भय—उग्र वस्तु से जनित चित्त की व्याकुलता।

(7) जुगुप्सा—दोषयुक्त वस्तु से जनित घृणा।

(8) विस्मय—अलौकिक या असाधारण वस्तु से जनित आश्चर्य।

(9) निर्वेद—तत्त्वज्ञान से सांसारिक विषयों के प्रति वैराग्य।

इन 9 स्थायीभावों से 9 रस निष्पन्न होते हैं।

स्थायीभाव	रस
रति	शृंगार
हास	हास्य
शोक	करुण
क्रोध	रौद्र
उत्साह	वीर
भय	भयानक
जुगुप्सा	बीभत्स
विस्मय	अद्‌भुत
निर्वेद	शांत

इन प्रसिद्ध 9 रसों के अतिरिक्त दो और रस माने जाते हैं—(1) वत्सल और (2) भक्ति। भक्ति को **उज्ज्वल रस** या **मधुर रस** भी कहते हैं। **वत्सल** रस का स्थायीभाव है **वात्सल्य** और **भक्तिरस** का स्थायीभाव है **भगवद्विषयक रति।**

2. विभाव

रति आदि **स्थायीभावों के उद्‌बोधक कारण** विभाव हैं।

विभाव के दो भेद हैं: **(1) आलंबन; (2) उद्दीपन। आलंबन विभाव** वह है जिसके प्रति स्थायीभाव उद्‌बुद्ध होता है।

रति के लिये नायक-नायिका परस्पर आलंबन हैं; नायक की रति नायिका के प्रति होती है और नायिका की रति नायक के प्रति।

हास का आलंबन—वह व्यक्ति जिसे देखकर हँसी आती है।

शोक का आलंबन—वह व्यक्ति या वस्तु जिसके लिए शोक किया जाता है।

क्रोध का आलंबन—क्रोध का पात्र।

उत्साह का आलंबन—जिस कार्य के प्रति उत्साह हो।

भय का आलंबन—जिससे भय हो।

जुगुप्सा का आलंबन—जिससे घृणा उत्पन्न हो।

विस्मय का आलंबन—जिससे आश्चर्य उत्पन्न हो।

उद्दीपन विभाव के अंतर्गत वे सारी परिस्थितियाँ आती हैं जो उद्‌बुद्ध स्थायीभाव को उद्दीप्त करती हैं; जैसे (क) आलंबन की भाव-भंगी, मुद्रा, चेष्टा आदि; (ख) देश और (ग) काल।

आलंबन विभाव स्थायीभाव को उद्‌बुद्ध करता है। **उद्दीपन** विभाव उद्‌बुद्ध स्थायी भाव को उद्दीप्त करता है।

3. अनुभाव

मनोगत भाव को व्यक्त करनेवाली शारीरिक चेष्टाएँ अनुभाव हैं।

अनुभाव भावों के बाद उत्पन्न होते हैं, इसीलिये उन्हें अनुभाव (पीछे होनेवाले) कहते हैं। अनुभावों की संख्या अगणित है।

अनुभाव मुख्यत: दो प्रकार के हैं: (1) **कायिक** और (2) **सात्त्विक**।

कायिक अनुभाव शरीर की चेष्टाओं को कहते हैं, जैसे भ्रू विक्षेप कटाक्षपात, इंगित, निश्वास, उच्छ्वास आदि। कायिक अनुभाव जानबूझकर, प्रयासपूर्वक किये जाते हैं।

सात्त्विक भाव वे हैं जो बिना प्रयास के, सहज भाव से हो जाते हैं। सात्त्विक भाव आठ प्रकार के हैं:

(1) स्तंभ—शरीर की चेष्टा का रुक जाना, ठिठक जाना।

(2) स्वेद—पसीना छूटना।

(3) रोमांच—रोंगटे खड़े होना।

(4) स्वरभंग—आवाज का फट जाना, आवेग से शब्दों का ठीक उच्चारण न होना।

(5) कंप—काँपना। (कंप को **वेपथु** भी कहते हैं)।

(6) विवर्णता—चेहरे या शरीर का रंग उड़ जाना।

(7) अश्रु—आँसू बहना।

(8) प्रलय—अचेत हो जाना।

कुछ विद्वान् सात्त्विक भावों की स्वतन्त्र स्थिति मानते हैं और कुछ उन्हें अनुभावों में ही गतार्थ कर देते हैं। द्वितीय मत अधिक व्यावहारिक है।

4. संचारी भाव

अस्थिर (संचरणशील) चित्तवृत्तियों को संचारी भाव कहते हैं। चित्तवृत्तियाँ या भाव दो प्रकार के होते हैं—(1) स्थिर या स्थायी और (2) अस्थिर या अस्थायी। इन्हें क्रमश: (1) स्थायी भाव और (2) संचारी भाव कहते हैं। स्थायी भाव ही पुष्ट होने पर रस कहलाते हैं।

संचारी भावों की संख्या 33 मानी गयी है। ऐसा नहीं कि यह संख्या 33 से अधिक या कम नहीं हो सकती किंतु रसनिष्पत्ति में प्रधानता से इन्हीं का उपयोग होता है, परंपरा से संचारियों की संख्या यही चली आ रही है।

स्थायी भावों की तुलना में संचारी भाव कम देर तक टिकते हैं। उदाहरणार्थ, रति (प्रेम) स्थायी भाव है, चूँकि उसकी स्थिति दीर्घ-काल व्यापी होती है किंतु प्रेम की स्थिति में अनेक छोटे-छोटे भाव पानी के बुलबुलों की तरह उत्पन्न और विलीन होकर प्रेम को पुष्ट करते हैं; जैसे प्रेम में कभी हर्ष होता है तो कभी

विषाद, कभी लज्जा कभी चिंता, कभी उत्सुकता तो कभी शंका। इनसे प्रेम पुष्ट होता है। इसीलिये प्रेम स्थायी भाव है और ये संचरण करते रहने (चंचल होने) के कारण संचारी भाव हैं।

रसों के स्थायी भाव तो नियत हैं अर्थात् जिस रस का जो स्थायी भाव माना गया है वही सदा रहेगा, (जैसै शृंगार रस का स्थायी भाव रति है, करुण रस का स्थायी भाव शोक है) उसमें परिवर्तन नहीं हो सकता किंतु संचारी भावों के विषय में ऐसा कोई नियम नहीं है। एक ही संचारी भाव अनेक रसों में हो सकता है; जैसे चिंता एक संचारी भाव है जो शृंगार, वीर, करुण, भयानक आदि अनेक रसों में पाया जाता है। इसी तरह शंका संचारी भाव भी इन सभी रसों में हो सकता है।

नीचे 33 संचारी भावों का परिचय दिया जा रहा है। परिचय तीन शीर्षकों में हैं: (क) सबसे पहला संचारी भाव का लक्षण (परिभाषा) है; उसके बाद उसका कारण अर्थात् वह संचारी भाव का कार्य अर्थात् वह किस रूप में व्यक्त होता है। परिभाषा बोझिल न हो, इसके लिए कम से कम शब्दों का प्रयोग किया गया है।

(1) हर्ष—लक्षण (क) मन की प्रसन्नता।

कारण (ख) इष्ट वस्तु की प्राप्ति, प्रियजन का मिलन आदि।

कार्य (ग) आँसू, रोमांच, उत्फुल्ल मुद्रा, गद्गद वाणी, स्वेद (पसीना) आदि।

(2) विषाद—(क) उद्यमहीनता।

(ख) असफलता, इष्टहानि, असहायता आदि।

(ग) निश्वास, उच्छ्वास, संताप, अश्रुपात आदि।

(3) त्रास—(क) भय या व्यग्रता।

(ख) विरोध, भयानक वस्तु या परिस्थिति का सामना आदि।

(ग) कंप (कँपकँपी), स्वेद, अश्रुपात, मलिन मुद्रा, निश्वास आदि।

(4) लज्जा (ब्रीड़ा)—(क) दूसरों के चित्त में अपने विषय से होने वाली बुरी धारणा की आशंका से उत्पन्न संकोच।

(ख) पराजय, हीनता, अदृश्य दर्शन आदि।

(ग) विवर्णता (मुँह का रंग उड़ना), आँखें बन्द कर लेना, सिर झुका लेना आदि।

(5) ग्लानि—(क) अपनी बुराई का अनुभव होने से चित्त में होने वाला खेद या पश्चात्ताप।

(ख) थकान, दोष-बोध, अपराध-बोध आदि।

(ग) कंप, कृशता, अनुत्साह, विवर्णता आदि।

(6) चिंता—(क)मन में बार-बार उठनेवाला सोच।

(ख) इष्ट की अप्राप्ति अथवा अनिष्ट की प्राप्ति आदि।

(ग) संताप, शून्यता, कृशता, अधोमुखता, निश्वास आदि।

(7) शंका—(क) अनिष्ट की संभावना।

(ख) दुर्भाग्य, विपत्ति, अपनी भूल, विरोधी से संभावित अनिष्ट आदि।

(ग) विवर्णता, कंप, स्वरभंग, जीभ और कंठ सूखना आदि।

(8) असूया—(क) दूसरे के उत्कर्ष के प्रति असहिष्णुता।

(ख) दूसरे के सौभाग्य, संपत्ति, प्रभाव, ऐश्वर्य आदि की अभिवृद्धि।

(ग) निन्दा, अनादर, क्रोध, कुटिल मुखमुद्रा आदि।

(9) अमर्ष—(क) विरोधी का अपकार करने की अक्षमता से उत्पन्न दुःख।

(ख) अपमान, मानहानि, निन्दा आदि।

(ग) आँखें लाल होना, भौंहें चढ़ाना, सिर हिलाना, डाँटना आदि।

(10) मोह—(क) चित्त की विकलता से ज्ञान का लोप।

(ख) भय, दुःख, वियोग, चिंता आदि।

(ग) चक्कर आना, गिरना, बेहोशी आदि।

(11) गर्व—(क) अभिमान।

(ख) प्रभाव, धन-संपत्ति, विद्या, उच्च कुल आदि।

(ग) अवज्ञा, अविनय, उपेक्षा आदि।

(12) उत्सुकता—(क) वांछित वस्तु की प्राप्ति में विलंब न सहना।

(ख) किसी वस्तु के लिए उत्कट इच्छा आदि।

(ग) दीर्घ निश्वास, त्वरा (जल्दबाजी), स्वेद आदि।

(13) उग्रता—(क) निर्दयता।

(ख) दूसरे की निन्दा, अपमान, अपराध आदि।

(ग) डाँट, फटकार, पसीना, सिर हिलाना, मारना आदि।

(14) चपलता—(क) चित्त की अस्थिरता।

(ख) ईर्ष्या, द्वेष, राग, प्रेम आदि।

(ग) कठोरता, भर्त्सना, भ्रू भंग, निरंकुश व्यवहार आदि।

(15) दीनता—(क) ओजस्विता का अभाव, अपकर्ष का बोध।

(ख) दुर्भाग्य, दुःख, पराभव आदि।

(ग) अपने में हीनता का अनुभव, विवर्णता, मलिनता आदि।

(16) जड़ता—(क) चित्त की विवेक-शून्यता अथवा किंकर्त्तव्य-विमूढ़ता।

(ख) इष्ट-अनिष्ट को देखना, सुनना आदि।

(ग) मौन, निर्निमेषता, चेष्टा का अभाव आदि।

(17) आवेग— (क) घबराहट अथवा उत्तेजित होना।

(ख) सुखद या दुःखद घटना, अशांति, उत्पात, विप्लव आदि।

(ग) रोमांच, कंप, बिस्मय, स्तब्धता आदि।

(18) निर्वेद— (क) अपने को कोसना या धिक्कारना।

(ख) तत्त्वज्ञान, अपमान, विपत्ति, व्याधि, प्रियवियोग आदि।

(ग) अश्रुपात, चिंता, निश्वास, विवर्णता, दीनता आदि।

(19) धृति—(क) इच्छाओं की पूर्ति, चित्त की चंचलता का अभाव।

(ख) तत्त्वज्ञान, इष्टप्राप्ति, विपद्-निवृत्ति आदि।

(ग) उल्लास, मधुर वचन, मुस्कान, शांति आदि।

(20) मति—(क) तत्त्व-निर्धारण, तथ्य का निर्णय।

(ख) शास्त्र आदि का अनुशीलन, तर्क, विचार आदि।

(ग) मुस्कान, धैर्य, संतोष, अपने प्रति आस्था आदि।

(21) बिबोध—(क) चैतन्य लाभ।

(ख) निद्रा की समाप्ति, अज्ञान की निवृत्ति आदि।

(ग) जँभाई, अँगड़ाई, आँखें खोलना-बंद करना, अपने अंगों को देखना आदि।

(22) वितर्क— (क) विचार।

(ख) संदेह, कार्य-अकार्य का अनिश्चय आदि।

(ग) भौंहें उठाना, सिर हिलाना, आँखें मींचना आदि।

(23) श्रम—(क) थकान।

(ख) भ्रमण, व्यायाम, जागरण आदि।

(ग) निश्वास, जँभाई, अँगड़ाई, निद्रा आदि।

(24) आलस्य—(क) कार्य में अनुत्साह।

(ख) परिश्रम, जागरण, रुग्णता आदि।

(ग) जँभाई, अँगड़ाई, बैठे रहना आदि।

(25) निद्रा—(क) चेतना की अल्पकालिक निश्चेष्टता जिससे शारीरिक, मानसिक विश्राम।

(ख) परिश्रम, खेद, नशा, सुलानेवाली दवा आदि।

(ग) जँभाई, अँगड़ाई, आँखें बंद करना, उच्छ्वास आदि।

(26) स्वप्न— (क) निद्रावस्था में विषयानुभूति।

(ख) दमित भावनाएँ, अपूर्ण इच्छाएँ आदि।

(ग) क्रोध, आवेग, भय, ग्लानि, सुख, दुःख आदि।

(27) स्मृति— (क) पूर्वानुभूत विषयों का स्मरण।

(ख) समान वस्तु का दर्शन, श्रवण, चिंतन आदि।

(ग) सुख दुःखात्मक स्मृति के अनुसार मुद्रा, चेष्टा आदि।

(28) मद— (क) मोह (बेहोशी) और आनंद की मिश्रित अवस्था।

(ख) नशीली वस्तुओं का सेवन।

(ग) हँसना, गाना, प्रलाप, सोना आदि।

(29) उन्माद— (क) चित्त-विभ्रम।

(ख) काम, शोक, भय, दुश्चिंता, मानसिक आघात आदि।

(ग) निरर्थक हँसना, गाना, बोलना आदि।

(30) अवहित्था— (क) हर्ष आदि भावों का गोपन (छिपाना)।

(ख) भय, गौरव, लज्जा, शंका, उत्सुकता आदि।

(ग) दूसरी ओर देखना, दूसरे काम में लगना, बात बदल देना, अकारण जँभाई लेना आदि।

(31) अपस्मार— (क) मूर्च्छा।

(ख) वेदना, आघात, व्याधि, हृदय की दुर्बलता आदि।

(ग) गिरना, काँपना, पसीना आना, मुँह से फेन निकलना आदि।

(32) व्याधि— (क) रोग।

(ख) वात-पित्त-कफ-की वृद्धि, विरह, शोक, दुश्चिंता आदि।

(ग) कंप, ताप, पिपासा, पांडुता आदि।

(33) मरण— (क) प्राणत्याग।

(ख) वियोग, आघात, शोक आदि।

(ग) भूमि पर गिरना, निश्चेष्टता आदि।

संचारी भावों का पारस्परिक भेद

चिंता तथा शंका— चिंता में भय नहीं रहता पर शंका में भय भी रहता है। चिंता में संताप की प्रधानता रहती है पर शंका में कंप आदि की।

अमर्ष तथा उग्रता— अमर्ष में निर्दयता का अभाव होता है वह निंदा, डाँट-फटकार तक सीमित होता है। उग्रता में निर्दयता के कारण मारना, पीटना, वध आदि होते हैं।

ग्लानि तथा श्रम— ग्लानि में कार्य में उत्साहहीनता होती है; श्रम में शक्ति के अधिक व्यय के कारण थकान होती है।

रसों का परिचय

1. श्रृंगार

स्थायी भाव—रति (नायक-नायिका का पारस्परिक प्रेम)।

आलंबन विभाव— नायक और नायिका (नायक की रति के लिये नायिका और नायिका की रति के लिए नायक)।

उद्दीपन विभाव— नायक-नायिका की परस्पर प्रेम-सूचक चेष्टाएँ, उद्यान, कुंज, चंद्र, चंद्रिका, पुष्पसुरभि, वसंत ऋतु, पक्षियों का कलरव, सखा-सखियों के हास्य-विनोद आदि।

अनुभाव—सस्नेह एक-दूसरे को देखना, कटाक्ष, चुम्बन आलिंगन आदि।

संचारी भाव— हर्ष, लज्जा, उत्सुकता, चिन्ता, शंका, विषाद आदि।

श्रृंगार रस के दो भेद हैं: (1) **संभोग (संयोग)** और (2) **विप्रलंभ (वियोग)**।

नायक नायिका के मिलन में **संभोग** श्रृंगार होता है और वियोग में **विप्रलंभ** श्रृंगार—विप्रलंभ या वियोग के कई कारण हो सकते हैं।

जैसे—

(1) पूर्वानुराग—मिलने के पहले का आकर्षण। इसीलिए इसे पूर्व अनुराग कहते हैं। नायक-नायिका के मन में एक-दूसरे के लिए प्रेम हो गया हो पर मिलन नहीं हुआ हो।

(2) मान— मिलन के बाद किसी कारण से नायक-नायिका के रूठ जाने पर जो वियोग होता है वह मान-जनित कहा जाता है।

(3) प्रवास—मिलन के पश्चात् एक दूसरे के अन्यत्र चले जाने से उत्पन्न वियोग प्रवास की कोटि में आता है। जैसे, नायिका माता-पिता के पास चली जाए; नायक किसी कारण से कहीं दूर चला जाए।

संयोग श्रृंगार

हाथ लक्ष्मण ने तुरंत बढ़ा दिये।
और बोले, "एक परिरंभण प्रिये।"
सिमट-सी सहसा गयी प्रिय की प्रिया,
एक तीक्ष्ण अपांग ही उसने दिया।—मै० श० गुप्त

यहाँ लक्ष्मण आश्रय; उर्मिला आलंबन; एकान्त स्थान और उर्मिला का कटाक्ष (अपांग) उद्दीपन; सिमटना अनुभाव; लज्जा, हर्ष संचारी भाव हैं। संयोग श्रृंगार की पूर्ण सामग्री रहने से श्रृंगार रस है।

रस की पूर्ण सामग्री (स्थायी भाव, विभाव, अनुभाव, संचारी भाव) होने पर ही रस–निष्पत्ति हो, यह आवश्यक नहीं। इनमें से दो या एक के होने पर भी रस–निष्पत्ति हो सकती है यदि शेष की सुगमता से कल्पना हो जाय।

केवल विभाव (उद्दीपन) के वर्णन शृंगार की व्यंजना

मंजुल सघन निकुंज कहूँ सोभा सरसानी,
गुंजत मत्त मलिंद-पुंज जिनपै सुखदानी।
चढ्यो अटा छबि छटा हेरि हिय हरष बढ़ावत,
मनु रसराज समाज साजि कै गुन-गन गावत।—रत्नाकर

केवल अनुभाव के वर्णन में शृंगार की व्यंजना

भौंहनि त्रासति, मुख नटति, आँखिन सों लपटाति।
ऐचिं छुड़ावति इँची कर आगे आवति जाति॥—बिहारी

नायक को नायिका भौंहों से डराती है, वचन से मना करती है पर आँखों से लिपटती है अर्थात् आँखों से अतिशय स्नेह व्यक्त करती है; एक ओर हाथ छुड़ाती है, दूसरी ओर आलिंगन के लिये आगे बढ़ती है।

यहाँ केवल नायिका की चेष्टाओं (अनुभावों) का वर्णन है पर इससे संयोग शृंगार की पूरी व्यंजना हो जाती है।

इसी तरह बिहारी के निम्नलिखित दोहे में भी केवल अनुभाव से ही शृंगार व्यंजित है:

कहत नटत रीझत खिझत मिलत खिलत लजियात।
भरे भौन में करत हैं नैनन ही सों बात।

केवल नायिका की चेष्टाएँ वर्णित हैं।

केवल संचारीभाव के वर्णन में शृंगार की व्यंजना

प्रीतम दृग मींचत तिया पानि-परस-सुख पाय।
जानि पिछानि अजान लौं नेक न होति लखाय।—बिहारी

नायक ने पीछे से आकर नायिका की आँखें बन्द कर दी हैं। नायिका स्पर्श से ही पहचान जाती है कि ये हाथ किसके हैं पर हाथों के स्पर्श से उसे जो सुख मिल रहा है, उससे वंचित होने के भय से वह आँखें बन्द किये बैठी रहती है और कहती नहीं कि 'मैंने पहचान लिया।'

यहाँ हर्ष और अवहित्था संचारी भाव हैं पर उन्हीं से शृंगार अभिव्यक्त हो रहा है।

कहीं केवल **सात्त्विक भाव** रस की व्यंजना के लिये पर्याप्त होता है:

ध्यान आनि ढिग प्रानपति मुदित रहति दिनराति।
पलक कँपति पुलकति पलक पलक पसीजति जाति॥—बिहारी

यहाँ कंप (कँपति), रोमांच (पुलकति), स्वेद (पसीजति) सात्विक भाव हैं और ये शृंगार की व्यंजना में समर्थ हैं।

वियोग शृंगार

नायक-नायिका के वियोग में भी जब रति रहती है तो वह वियोग शृंगार होता है।

मैं निज अलिंद में खड़ी थी, सखि! एक रात,
रिम-झिम बूँदें पड़ती थीं, घटा छायी थी।
गमक रहा था केतकी का गंध चारों ओर,
झिल्ली झनकार यही मेरे मन भायी थी।
करने लगी मैं अनुकरण स्वनूपुरों से,
चंचला थी चमकी, घनाली घहरायी थी।
चौंक देख मैंने, चुप कोने में खड़े थे प्रिय,
माई! मुख-लज्जा उसी छाती में छिपायी थी। —मै० श० गुप्त

इस छंद में लक्ष्मण आलंबन; वर्षा की रिमझिम, घटा, बिजली की चमक, केतकी की सुगंधि, झिल्ली की झनकार आदि उद्दीपन, उर्मिला का अपने नूपुरों से झिल्ली-रव का अनुकरण, चौंकना अनुभाव, लज्जा, स्मृति संचारी भाव हैं। चूँकि लक्ष्मण प्रवास में हैं और उर्मिला अयोध्या में, अतः वियोग शृंगार है।

अनुभाव (सात्त्विक भाव) से वियोग शृंगार की व्यंजना—

कोऊ सेद-सानी, कोऊ भरि दृग-पानी रहीं,
कोऊ घूमि-घूमि परीं भूमि मुरझानी हैं। —रत्नाकर

यहाँ गोपियों की रति के आलंबन कृष्ण हैं। गोपियों के सात्त्विक भाव-स्वेद, अश्रु, विवर्णता—से वियोग व्यक्त हो रहा है।

संचारी भाव में वियोग शृंगार की व्यंजना—

नयनों को रोने दे, मन। संकीर्ण न बन, प्रिय बैठे हैं,
आँखों से ओझल हों, गये नहीं वे कहीं, यहीं पैठे हैं।

उर्मिला के इस कथन में उन्माद संचारी भाव है। लक्ष्मण वन में हैं पर उर्मिला वियोग-जनित विक्षिप्तता के कारण उन्हें अपने हृदय में आसीन समझ रही है। इस संचारी से वियोग शृंगार की प्रतीति स्पष्ट है।

2. वीर रस

स्थायी भाव—उत्साह।

आलंबन—शत्रु ।

उद्दीपन—शत्रु का पराक्रम, अस्त्र-शस्त्र का प्रयोग, रणवाद्य, उत्साह को बढ़ानेवाली कोई भी वस्तु।

अनुभाव—दर्पयुक्त वाणी, शस्त्र-संचालन, रोमांच, नेत्रों की लाली।

संचारी भाव— हर्ष, गर्व, उग्रता, धृति आदि।

जगी उसी क्षण विद्युज्ज्वाला,
गरज उठे होकर वे क्रुद्ध;
"आज काल के भी विरुद्ध है
युद्ध-युद्ध बस मेरा युद्ध"—मै०श० गुप्त

यहाँ राम के उत्साह का मेघनाद आलंबन है; शक्ति से मूर्च्छित लक्ष्मण का निश्चेष्ट शरीर उद्दीपन है; राम का गरजना अनुभाव है; गर्व, उग्रता आदि संचारी हैं। अत: यहाँ वीर रस है।

वीर चार प्रकार के माने जाते हैं: (1) युद्ध-वीर; (2) दान-वीर; (3) दया-वीर और (4) धर्म-वीर। अत: वीर रस के भी चार प्रकार हो सकते हैं। कुछ आचार्य केवल युद्ध-वीर में वीर रस की स्थिति मानने के पक्ष में हैं। उपर्युक्त उदाहरण युद्ध-वीर का है।

3. करुण रस

स्थायी भाव—शोक।

आलंबन—जिसके लिये शोक हो।

उद्दीपन—शोच्य व्यक्ति से संबद्ध वस्तुओं को देखना, उसके गुणों को सुनना। मृत आलंबन का दाह-संस्कार, परिजनों का विलाप आदि।

अनुभाव—रोना, छाती पीटना, भाग्य को कोसना आदि।

संचारी भाव— विषाद, चिंता, मोह, आवेग, स्मृति, ग्लानि, जड़ता, उन्माद आदि।

अगुरु-चंदन को चिता की सेज,
राजशव था सुप्त, संयत तेज।
जागकर ज्वाला उठी तत्काल,
बिंब पानी में पड़ा सुविशाल।
फिर प्रदक्षिण कर तथा कर जोड़
रो उठे यों भरत धीरज छोड़—
"इस, पिता ही की, चिता के पास,
मुझ अगति को भी मिले चिरवास।"
लोटते थे भरत सुध-बुध-हीन,
पितृ-चिता के पादतल में लीन।—मै०श० गुप्त

यहाँ दिवंगत दशरथ शोक के आलंबन हैं; चिता पर शव रखना, चिता की ज्वाला का जलना उद्दीपन है; भरत का विषाद; चिता की प्रदक्षिणा; भूमि पर

लोटना आदि अनुभाव है; ग्लानि, विषाद, मोह आदि संचारी भाव हैं। करुण रस की पूरी सामग्री वर्तमान है।

4. अद्भुत रस

स्थायी भाव—विस्मय (आश्चर्य)।

आलंबन—अलौकिक वस्तु अथवा कार्य।

उद्दीपन—अलौकिक वस्तु की विचित्रता।

अनुभाव—आँखें फाड़कर देखना, घबराहट, रोमांच आदि।

संचारी भाव—हर्ष, मोह, जड़ता, उत्सुकता, आवेग, चिंता, वितर्क आदि।

यह देख, गगन मुझमें लय है,
यह देख, पवन मुझमें लय है,
मुझमें विलीन झंकार सकल,
मुझमें लय है संसार सकल।
अमरत्व फूलता है मुझमें,
संहार झूलता है मुझमें।

यहाँ आलंबन है कृष्ण का विराट् रूप; उद्दीपन है उसमें गगन, पवन, झंकार, अमरत्व, संहार का लय होना; अनुभाव निर्दिष्ट नहीं है पर द्रष्टा का आँखें फाड़कर देखना, घबराहट आदि अनुभावों की तथा आवेग, उत्सुकता, वितर्क आदि संचारी भावों की कल्पना अनायास हो जाती है। विराट् रूप को देखने वाले का विस्मय स्थायीभाव है। अतः यहाँ अद्भुत रस है।

5. हास्य रस

स्थायीभाव—हास।

आलंबन—हास का पात्र अर्थात् जिसे देख या सुनकर हँसी आए।

उद्दीपन—हँसी उत्पन्न करनेवाली बातें या चेष्टाएँ।

अनुभाव—चेहरे का खिलना, दाँतों का दिखायी देना, आँखों का संकोच।

संचारीभाव—हर्ष, उत्सुकता, चपलता, श्रम, अवहित्था आदि।

तंबूरा ले मंच पर बैठे प्रेमप्रताप,
साज मिले पंद्रह मिनट, घंटा भर आलाप।
घंटा भर आलाप, राग में मारा गोता,
धीरे-धीरे खिसक चुके थे सारे श्रोता।
—कह काका सम्मेलन में सन्नाटा छाया,
श्रोताओं में केवल हमको बैठा पाया।

इस छंद में गवैया आलंबन; साज मिलाने, आलाप लेने में बहुत समय लगाना उद्दीपन; मुँह फैलना, दाँत निकलना आदि अनुभाव; हर्ष श्रम आदि संचारीभाव हैं। अतः हास्य रस है।

6. रौद्र रस

स्थायीभाव—क्रोध।

आलंबन—जिस पर क्रोध हो।

उद्दीपन—क्रोधपात्र का अपराध, अपमान, कठोर वचन आदि।

अनुभाव—आँखों में लाली, भ्रूभंग, दाँत पीसना, ओठ काटना, पैर पटकना, शत्रु को ललकारना आदि।

संचारीभाव—गर्व, उग्रता, मद, अमर्ष आदि।

श्रीकृष्ण के सुन वचन अर्जुन क्षोभ से जलने लगे।
सब शील अपना भूलकर करतल युगल मलने लगे।
संसार देखे अब हमारे शत्रु रण में मृत पड़े।
करते हुए यह घोषणा वे हो गये उठकर खड़े।

यहाँ स्थायीभाव है अर्जुन का क्रोध; आलंबन है अभिमन्यु के वध पर कौरवों का हर्ष; उद्दीपन है श्रीकृष्ण का वचन; अनुभाव है अर्जुन का हाथ मलना, कठोर बोलना, उठकर खड़ा हो जाना; संचारीभाव है गर्व, उग्रता, अमर्ष आदि। अतः रौद्र रस है।

7. बीभत्स रस

स्थायीभाव—जुगुप्सा (घृणा)।

आलंबन—घृणा की वस्तु, दुर्गंध, गंदी चीजें आदि।

उद्दीपन—सड़ाँध, कीड़ों का बिलबिलाना, पशु-पक्षियों का मांस-हड्डी आदि का नोचना आदि।

अनुभाव—नाक-भौं सिकोड़ना, मुँह बनाना, थूकना आदि।

संचारीभाव—निर्वेद, विषाद, आवेग, त्रास, अपस्मार, व्याधि आदि।

कोउ अँतड़िन की पहिरि माल इतरात दिखावत।
कोउ चरबी लै चोप सहित निज अंगनि लावत।
कोउ मुंडनि लै मानि मोद कंदुक लौं डारत।
कोउ रुंडनि पै बैठि करेजो कोरि निकारत।
कोउ कड़ाकड़ हाड़ चाबि नाचत दै ताली।
कोऊ पीअत रुधिर खोपड़ी की करि प्याली।—रत्नाकर

यह श्मशान का वर्णन है। राजा हरिश्चंद्र डाकिनियों और पिशाचिनियों की करतूत देख रहे हैं। हरिश्चंद्र के मन में उत्पन्न हो रही जुगुप्सा (घृणा) स्थायीभाव है; मृतकों की अँतड़ियाँ, चरबी, मुंड, कलेजा, हड्डी, खून आदि आलंबन हैं; अँतड़ियों की माला पहनना, शरीर पर चरबी का लेप लगाना, मुंडों से

गेंद की तरह खेलना, कलेजा फाड़कर निकालना, हड्डी तोड़ना, ताली देकर नाचना, खून पीना आदि उद्दीपन हैं; हरिश्चंद्र द्वारा इनका वर्णन अनुभाव है; विषाद, आवेग आदि संचारीभाव हैं।

8. भयानक रस

स्थायीभाव—भय।

आलंबन—जिससे भय हो, जैसे कोई हिंसक जन्तु या भयंकर वस्तु, बलवान् शत्रु आदि।

उद्दीपन—आलंबन की चेष्टाएँ, स्थान की निर्जनता, विस्मयोत्पादक ध्वनि आदि।

अनुभाव—घबराकर भागना, सिर-छाती पीटना, चीखना-चिल्लाना आदि।

संचारीभाव—शंका, चिंता, मोह, आवेग, त्रास, दीनता आदि।

इत सुरसरि को धाम धमकि त्रिभुवन भय पागे।
सकल सुरासुर बिकल बिलोकन आतुर लागे।
दहलि दसों दिकपाल बिकल चित इतउत धावत।
दिग्गज दिग दंतनि दबोचि दृग भभरि भ्रमावत।—रत्नाकर

यहाँ गंगावतरण की घोर ध्वनि आलंबन है; उसके चलते चारों ओर जो हाहाकार मचा है वह उद्दीपन है; देवासुरों का विकल होकर इधर-उधर देखना, दिक्पालों का आतुर होकर भागना, दिग्गजों का दाँतों से दिशाओं को दबाए रहना और चारों ओर आँखें नचाना आदि अनुभाव है; शंका, चिंता, आवेग, त्रास आदि संचारीभाव हैं। सभी प्राणियों का भय स्थायीभाव है।

9. शांत रस

स्थायीभाव—निर्वेद अथवा शम।

आलंबन—संसार की अनित्यता-असारता का ज्ञान, तत्वज्ञान, परमात्मचिंतन।

उद्दीपन—आश्रम, तीर्थ, सत्संग, शास्त्र-चिंतन आदि।

अनुभाव—सांसारिक प्रपंच की निंदा, रोमांच आदि।

संचारीभाव—हर्ष, धृति, मति, स्मृति आदि।

मैं समझ्यो निरधार, यह जग काचो काँच सो।
एकै रूप अपार, प्रतिबिंबित लखियत जहाँ।—बिहारी

यहाँ संसार की अनित्यता का ज्ञान आलंबन है; परमात्मा की व्यापकता उद्दीपन है; ''मैंने संसार की अनित्यता को समझ लिया'', यह कथन अनुभाव है। हर्ष, धृति, मति संचारीभाव हैं।

गुण

रस के नित्य धर्म को गुण कहते हैं।

रस काव्य की आत्मा है किन्तु रस की निष्पत्ति के लिये गुण अनिवार्य है। इसीलिये गुण को रस का नित्य धर्म कहा गया है अर्थात् जहाँ रस होगा वहाँ गुण अवश्य होगा; गुण के अभाव में रस की कल्पना नहीं हो सकती। रस-निष्पत्ति में अलंकार का भी योगदान रहता है किन्तु वह अनिवार्य नहीं है, अतः रस के साथ उसका सम्बन्ध भी नित्य नहीं है।

गुण तीन हैं: (1) **माधुर्य**; (2) **ओज** और (3) **प्रसाद**।

माधुर्य गुण

माधुर्य गुण उसे कहते हैं जिससे हृदय में **द्रुति** उत्पन्न होती है।

द्रुति का अर्थ है पिघलना, द्रवित होना। जिस रचना को पढ़कर या सुनकर आनन्द से हृदय द्रवित हो जाए उसमें माधुर्य गुण की स्थिति मानेंगे। माधुर्य गुण के व्यंजक हैं:

(1) सभी वर्गाक्षर, ट ठ ड ढ ण को छोड़कर अर्थात् कवर्ग, चवर्ग, तवर्ग, पवर्ग।

(2) **संयुक्ताक्षर का प्रायः अभाव;** यदि संयुक्ताक्षर हो तो पंचमाक्षर (ङ ञ ण न म) के या अनुस्वार के साथ। जैसे, अंग; अञ्जन; नन्दन; चुम्बन; संशय।

(3) लघु र, ण; जैसे रवि, परिणत।

(4) **समास का अभाव** अथवा समास की अल्पता (समास भरसक नहीं हों या हों तो छोटे-छोटे)।

निम्नलिखित उदाहरण माधुर्य गुण के हैं:

(1) **वर दे वीणावादिनि! वर दे।**

नव गति, नव लय, ताल-छन्द नव,
नवल कण्ठ, नव जलद-मन्द्र रव,
नव नभ के नव विहग-वृन्द को,
नव पर, नव स्वर दे।—निराला

(2) **गुरु-पद-रज मृदु मंजुल अंजन।**
नयन-अमिय दृग-दोष-बिभंजन॥ —तुलसीदास

(3) **गन्ध-शत अरविन्द-नन्दन विश्व-वन्दन-सार।**
अखिल-उर-रंजन निरंजन एक अनिल उदार॥ —निराला

(4) **कनकलतानि इन्दु, इन्दु माहिं अरविन्द,**
झरैं अरविन्दन तें बुन्द मकरन्द के। —भूषण

(5) **मृदु मन्द-मन्द मन्थर-मन्थर, लघु तरणि हंसिनी-सी सुन्दर,**
तिर रही, खोल पालों के पर। —पन्त

ओज गुण

जिस गुण से हृदय में दीप्ति उत्पन्न हो उसे **ओज** कहते हैं।

दीप्ति का अर्थ है जोश, आवेग। जहाँ माधुर्य गुण से हृदय द्रवित होता है वहाँ वह ओज गुण से दीप्त होता है अर्थात् उसमें जोश उत्पन्न होता है।

ओज गुण के व्यंजक माधुर्य गुण के बिलकुल विपरीत होते हैं:

(1) **टवर्ग** (माधुर्य गुण में टवर्ग के अतिरिक्त व्यंजन रहते हैं)।

(2) **संयुक्ताक्षरों का आधिक्य**।

माधुर्य गुण में पंचमाक्षरों के साथ संयुक्ताक्षर रहते हैं; ओज में इसके प्रतिकूल वर्ग के प्रथम-द्वितीय वर्णों का संयोग रहता है; जैसे कच्छ, लट्ठ; अथवा तृतीय-चतुर्थ वर्णों का संयोग जैसे दग्ध, क्रुद्ध, लुब्ध।

(3) **रेफ का अधिक प्रयोग**। रेफ का प्रयोग दो प्रकार से हो सकता है: किसी वर्ण के ऊपर, जैसे अर्क, कर्क, कर्कट; या वर्ण के नीचे, जैसे वक्र, शुभ्र, तीव्र।

(4) **समास का बाहुल्य**।

ओजगुण की निर्दिष्ट विशेषताएँ निम्नलिखित उदाहरणों में स्पष्ट हैं—

(1) **कटकटहिं मर्कट बिकट भट बहु कोटि कोटिन्ह धावहीं।**
—रामचरितमानस

(2) **नख दंतन सों भुजदंड बिहंडत**
मुंड सों मुंड परे झर के। —कवितावली

(3) **प्रतिभट कटक कटीले केते काटि काटि**
कालिका-सी किलकि कलेऊ देति काल को। —भूषण

(4) **निकसि कमंडल तें बिहंडि नभमंडल खंडति।**
धाई धार अपार बेग सौं बायु बिहंडति॥ —रत्नाकर

(5) **हिमाद्रि-तुंग-शृंग से**
प्रबुद्ध शुद्ध भारती
स्वयंप्रभा समुज्ज्वला
स्वतंत्रता पुकारती—
"अमर्त्य वीर पुत्र हो, दृढ़प्रतिज्ञ सोच लो,
प्रशस्त पुण्य पंथ है, बढ़े चलो बढ़े चलो।" —प्रसाद

प्रसाद गुण

जिस गुण से युक्त रचना अनायास हृदय में व्याप्त हो जाए उसे **प्रसाद** कहते हैं।

जिस प्रकार धुले वस्त्र में जल या सूखी लकड़ी में आग तत्काल फैल जाती है उसी प्रकार जिस रचना का अर्थ अनायास समझ में आ जाए उसमें प्रसाद गुण की स्थिति मानी जाती है। प्रसाद का अर्थ है स्वच्छता स्पष्टता अर्थात् जो काव्य अर्थ की दृष्टि से स्वच्छ, स्पष्ट हो, जिसमें माथापच्ची नहीं करनी पड़े वह प्रसादविशिष्ट है।

उदाहरण :

(1) **जिसकी रज में लोट-लोटकर बड़े हुए हैं,**
घुटनों के बल सरक-सरक कर खड़े हुए हैं।
परम-हंस सम बाल्यकाल में सब सुख पाये,
जिसके कारण "धूल भरे हीरे" कहलाये।
हम खेले-कूदे हर्षयुत जिसकी प्यारी गोद में,
हे मातृभूमि! तुझको निरख मग्न क्यों न हों मोद में?—मैथिलीशरण गुप्त

(2) **वह आता**
दो टूक कलेजे के करता पछताता पथ पर आता।
पेट-पीठ दोनों मिलकर हैं एक,
चल रहा लकुटिया टेक,
मुट्ठी भर दाने को, भूख मिटाने को,
मुँह फटी-पुरानी झोली का फैलाता। —निराला

(3) **बीते दिन कब आनेवाले,**
मेरी वाणी का मधुमय स्वर।
विश्व सुनेगा कान लगाकर,
दूर गये पर मेरे उर की धड़कन को सुन पानेवाले।

—बच्चन

(4) भारत नहीं स्थान का वाचक, गुण विशेष नर का है;
एक देश का नहीं, शील यह भूमंडल भर का है।
जहाँ कहीं एकता अखंडित, जहाँ प्रेम का स्वर है;
देश-देश में वहाँ खड़ा भारत जीवित भास्वर है।

—दिनकर

(5) **कुपथ-कुपथ रथ दौड़ता जो पथ-निर्देशक वह है;**
लाज लजाती जिसकी कृति से धृति-उपदेशक वह है;
जनता धरती पर बैठी है, नभ में मंच खड़ा है।
जो है जितनी दूर मही से उतना वही बड़ा है।

—जानकी व० शास्त्री

गुण	**कार्य**	**किस रस में स्थिति**
माधुर्य	द्रुति	शृंगार; करुण; शांत।
ओज	दीप्ति	वीर; बीभत्स; रौद्र।
प्रसाद	व्याप्ति	सभी रस।

रीति

शब्द विन्यास को **रीति** कहते हैं।

रीति शब्द का अर्थ है मार्ग। वह मार्ग या पद्धति जिसमें काव्य के अन्तर्गत शब्द-विन्यास की कला बतायी जाए, रीति कहलाती है। जैसे शरीर में अंग-विन्यास का महत्त्व है वैसे ही काव्य में शब्द-विन्यास का। जो अंग जहाँ, जैसा होना चाहिये वहाँ, वैसा हो तभी वह शोभता है; आँख की जगह कान हो जाए, आदमी का कान हाथी के कान के जैसा हो जाए तो उससे सौंदर्य बढ़ने के बदले घट जायेगा। इसी तरह जहाँ, जैसा शब्द-प्रयोग उचित हो वहाँ वैसा होने पर ही काव्य सुन्दर प्रतीत होता है। रीति का प्रमुख आधार **समास** है।

रीतियाँ तीन हैं: (1) **वैदर्भी**; (2) **गौड़ी** और (3) **पांचाली**।

कुछ लोगों ने लाटी, मागधी आदि कतिपय और रीतियाँ भी मानी हैं पर वे गौण हैं, अत: उनकी चर्चा यहाँ नहीं की जा रही है।

1. वैदर्भी

माधुर्य-व्यंजक वर्ण; समास का अभाव अथवा समास की अल्पता। (वैदर्भी रीति को उपनागरिका वृत्ति भी कहते हैं।)

(1) **निरख सखी ये खंजन आये।**
फेरे उन मेरे रंजन ने नयन इधर मन भाये। —मै०श० गुप्त

(2) **मृदु मन्द-मन्द मन्थर-मन्थर, लघु तरणि हंसिनी-सी सुन्दर,**
तिर रही खोल पालों के पर। —पन्त

2. गौड़ी

ओज-व्यंजक वर्ण; समास का बाहुल्य।

(गौड़ी रीति को **परुषा वृत्ति** भी कहते हैं।)

(1) **महाबीर बरिबंड भये महि-मंडल-मंडन।**
निज भुज-दंड उदंड चंड-अरि-मुंड-बिहंडन॥ —रत्नाकर

(2) **विच्छुरित-वह्नि—राजीवनयन-हत-लक्ष्य-बाण,**
लोहित-लोचन-रावण-मदमोचन-महीयान,
राघव-लाघव—रावण-वारण—गत-युग्म-प्रहर,
उद्धत-लंकापति-मर्दित-कपि-दल-बल-विस्तर। —निराला

3. पांचाली

वैदर्भी और गौड़ी की मध्य स्थिति वाली रचना; समास चार-पाँच शब्दों में। (पांचाली रीति को **कोमला वृत्ति** भी कहते हैं।)

(1) **गुरु-पद-रज मृदु मंजुल अंजन।**
नयन-अमिय दृग दोष-विभंजन॥ —तुलसीदास

(2) **रिपु-बल-खल-दल-दलन प्रजा-परिजन-दुख-भंजन।**
गुनि-जन-जीवन-मूल सुकृति-सज्जन-मन-रंजन॥ —रत्नाकर
(सगर नामक सूर्यवंशी राजा का गुण वर्णन है।)

दोष

काव्यास्वाद में जो उद्वेग उत्पन्न करे वह दोष है।[1]

यदि शरबत में कंकड़ पड़ जाएँ तो उसका आनंद जाता रहेगा। ऐसे ही काव्य में दोष आ जाने से उसके आस्वादन में बाधा पड़ती है और भावक के मन में उद्वेग उत्पन्न होता है। अत: आवश्यक है कि कवि इसके लिये भरपूर कोशिश करे कि उसकी रचना में दोष न आने पाएँ। पाठक के लिये भी दोष का परिज्ञान आवश्यक है जिससे वह निर्दोष और सदोष काव्य में अंतर कर सके।

दोष तीन प्रकार से काव्यास्वाद में बाधा डालता है:

(1) आस्वाद का **अवरोधक** होकर;

(2) आस्वाद का **विलंबक** होकर;

(3) आस्वाद का **विनाशक** होकर;

दोष के तीन भेद हैं: (1) **शब्ददोष**; (2) **अर्थदोष** और (3) **रसदोष**। शब्द दोष उसे कहते हैं जो शब्द श्रवण मात्र से उद्वेग उत्पन्न करे। शब्ददोष में शब्दांश (शब्द का एक भाग), शब्द और वाक्य, तीनों की गणना की जाती है। **अर्थदोष** वह है जो अर्थ की पर्यालोचना के बाद उद्वेग उत्पन्न करता है। **रसदोष** रसास्वाद में बाधा डालता है।

---

1. उद्वेगजनको दोष: —अग्निपुराण

दोषों की संख्या काफी बड़ी है। यहाँ अपेक्षाकृत प्रमुख और प्रचलित दोषों की ही चर्चा की जाएगी।

(1) श्रुतिकटुत्व— सुनने में कटु और कठोर लगने वाले शब्दों का प्रयोग श्रुतिकटुत्व दोष है। जैसे—

सृष्टि दृष्टि के अंजन रंजन, ताप विभंजन, बरसो।

व्यग्र उदग्र जगज्जननी के, अयि अग्रस्तन, बरसो॥

यहाँ सृष्टि, दृष्टि में ष्ट, व्यग्र, उदग्र अग्र में ग्र, जगज्जननी में ज्ज सुनने में कटु लगते हैं, अतः श्रुतिकटुत्व दोष है।

(2) च्युतसंस्कारत्व— व्याकरणविरुद्ध जितने प्रयोग हैं वे च्युतसंस्कार दोष के अंतर्गत आते हैं। संधि, संज्ञा, सर्वनाम, क्रिया, लिंग, वचन, पुरुष आदि की जो कोई भी भूल होगी वह च्युतसंस्कार कहलाएगी। **मेरी** यह प्रत्यक्ष देवता।

यहाँ 'देवता' का स्त्रीलिंग में प्रयोग व्याकरण-विरुद्ध है।

कोड़ों की खाकर मार पली पीड़ित की दबी कराहों में;

सोने-सी निखर जवान हुई तप घड़ी दमन की दाहों में;

यहाँ भी 'दाह' शब्द के स्त्रीलिंग प्रयोग में च्युतसंस्कारत्व दोष है क्योंकि दाह पुल्लिंग है।

(3) अप्रयुक्तत्व— अप्रचलित शब्द का प्रयोग अप्रयुक्तत्व दोष है। अप्रयुक्त का अर्थ ही है न + प्रयुक्त अर्थात् जिसका प्रयोग नहीं होता है। बहुत सारे शब्द हैं जो व्याकरणसिद्ध और कोशसम्मत हैं किन्तु वाक्-प्रवाह में नहीं हैं। ऐसे शब्दों का प्रयोग नहीं करना चाहिये क्योंकि उससे अर्थप्रतीति में बाधा पड़ती है:

भू-लुंठित कलरव-तुल्य उसका शीश लोटेगा पड़ा।

यहाँ 'कलरव' का प्रयोग कोयल के अर्थ में हुआ है। यद्यपि कोश के अनुसार 'कलरव' का कोयल अर्थ भी होता है पर कोयल के अर्थ में कलरव का प्रयोग नहीं होता, केवल मधुर ध्वनि के अर्थ में प्रयोग होता है। अतः अप्रयुक्तत्व दोष है।

(4) असमर्थत्व— जिस अर्थ की प्रतीति के लिये शब्द का प्रयोग हुआ हो उसकी प्रतीति में यदि वह समर्थ न हो तो असमर्थत्व दोष होता है।

देखा है आज मैंने अचल चल हुआ, सिंधु संस्था विहीन।

यहाँ 'संस्था' शब्द का प्रयोग 'मर्यादा' अर्थ में हुआ है जिसकी प्रतीति कराने में वह असमर्थ है।

खुल गये छन्द के बन्ध, प्रास के रजत पाश।

अब गीत मुक्त औ युग वाणी बहती अयास।

यहाँ 'प्रास' अनुप्रास की और 'अयास' अनायास की प्रतीति कराने में असमर्थ हैं।

जहाँ नहीं सामर्थ्य शोध की
क्षमा वहाँ निष्फल है।

यहाँ भी 'शोध' शब्द प्रतिशोध का अर्थ देने में असमर्थ है। 'शोध' का अर्थ ढूँढ़ना होता है, प्रतिशोध नहीं।

(5) निहतार्थत्व—दो अर्थों वाले शब्द का अप्रसिद्ध अर्थ में प्रयोग निहतार्थत्व दोष है।

आसाछन्न दुरदिन दीस्यो सुरपुर माँहि।
ब्रज मैं सुदिन बारि-वृंद हरियाने तैं

यहाँ 'आसाछन्न' (आशाच्छन्न) में आशा शब्द का प्रयोग दिशा के अर्थ में है, जो उसका अप्रसिद्ध अर्थ है। आशा का प्रसिद्ध अर्थ उम्मीद है। यहाँ आशा का अप्रसिद्ध अर्थ में प्रयोग होने से निहतार्थ दोष है।

(6) अनुचितार्थत्व—जिस शब्द-प्रयोग से अनौचित्य की प्रतीति हो उसे अनुचितार्थत्व दोष कहते हैं।

बोलते यम के सहोदर श्वान।

कुत्तों को यमराज का सहोदर कहने में अनुचितार्थत्व दोष है।

बात-बात पर बजी किरीचें।
जूझ मरे क्षत्रिय खेतों में।

यहाँ वीरभाव की व्यंजना नहीं होती; ऐसा लगता है जैसे खेतों की लड़ाई में क्षत्रियों ने एक-दूसरे की जान ली हो। यह अर्थ वीर-भाव पर पर्दा डाल देता है, अत: अनुचितार्थ दोष है।

(7) निरर्थकत्व—छन्द के अनुरोध से भरती के शब्दों का प्रयोग निरर्थकत्व दोष है।

कलम उठी कविता लिखने को
अन्तस्तल में ज्वार उठा रे।

यहाँ 'रे' निरर्थक है।

मैया है तू अथवा मेरी दो थन वाली गैया।
रोने से यह रिस ही अच्छी तिली लिली ता धैया।

यहाँ 'तिली लिली ता धैया' बिलकुल भरती के शब्द हैं जो छन्द और तुक के अनुरोध से प्रयुक्त हैं।

(8) नेयार्थत्व—रूढ़ि अथवा प्रयोजन के बिना लक्षणा का प्रयोग नेयार्थत्व दोष है। नेय—बलपूर्वक खींचकर ले जाने योग्य अर्थ है जिसका वह नेयार्थ;

तात्पर्य कि स्वाभाविक रूप से शब्द से अर्थ नहीं निकलता हो पर खींचतान करके उससे अर्थ निकाले।

तिमिर के भाल पर चढ़कर विभा के बाण वाले
खड़े हैं मुंतजिर कब से नये अभियान वाले।

यहाँ "तिमिर के भाल पर चढ़ने" का कोई सुसंगत अर्थ लक्षणा से प्राप्य नहीं है। (अभिधा से तो है ही नहीं) अंधकार का मस्तक नहीं होता कि उस पर चढ़ा जाए। इसलिये यहाँ नेयार्थत्व दोष है।

(9) अप्रतीतार्थत्व—यह दोष वहाँ होता है जहाँ शास्त्र विशेष का पारिभाषिक शब्द सामान्य प्रयोग में लाया जाए।

माया के प्रपंच ही सौं भासत प्रभेद सबै।
काँच-फलकनि ज्यों अनेक एक सोई है।

यहाँ माया, प्रपंच, भासत आदि वेदान्त दर्शन के पारिभाषिक शब्द हैं जो वेदान्त से अपरिचित व्यक्ति के लिये दुरधिगम्य हैं। अत: यहाँ अप्रतीतार्थत्व दोष है।

हम परतच्छ में प्रमाण अनुमानैं नाहिं
तुम भ्रम-भौंर में भले ही बहिबौ करौ।

प्रत्यक्ष, अनुमान, प्रमाण आदि तर्कशास्त्र के पारिभाषिक शब्द हैं। अत: यहाँ भी अप्रतीतार्थत्व दोष है।

(10) क्लिष्टत्व— जहाँ शब्द का अर्थज्ञान दुष्कर हो वहाँ क्लिष्टत्व दोष होता है।

मेरे हृदय-पीयूष-घट-शुभ्रांशु में दूषण लगा।

इस वाक्य का अर्थ-ज्ञान दुष्कर है, अत: क्लिष्टत्व दोष है।

(11) अश्लीलत्व—यदि शब्द से लज्जा, घृणा अथवा अमंगल सूचित हो तो अश्लीलत्व दोष होता है।

कटि के नीचे चिकुर-जाल में उलझ रहा था बायाँ हाथ।

यहाँ "कटि के नीचे चिकुर जाल" से असभ्य अर्थ की प्रतीति होती है, अत: लज्जामूलक अश्लीलत्व दोष है।

लहू में तैर-तैर के नहा रही जवानियाँ।

लहू में तैर कर स्नान घृणा-व्यंजक है।

मधुरता में सी मरी अजान।

यहाँ जीवित नायिका के लिये 'मरी' शब्द का प्रयोग अमंगल-वाचक है। अत: अश्लीलत्व दोष है।

(12) ग्राम्यत्व—गँवारू शब्द का शिष्ट साहित्य में प्रयोग ग्राम्यत्व दोष है।

किधर होगा अम्बर में दृश्य देवता का रथ अबकी बार।

'अबकी' ग्राम्य प्रयोग है।

शूल चुभते हैं, छूते आग है जलाती, भू को
लीलने को देखो गर्जमान पारावार है।

यहाँ 'लीलना' में ग्राम्यत्व है। लीलना, भकोसना आदि शब्दों का प्रयोग शिष्ट भाषा में नहीं होता।

(13) प्रतिकूलवर्णत्व—वर्णनीय रस के प्रतिकूल वर्णों का प्रयोग होने पर यह दोष होता है।

हा! वह सुहृदयता भी क्रीड़ा में है कठोरता जड़िता।
तड़प-तड़प उठती है स्वजनि, घनालिंगिता तड़िता॥
गाढ़-तिमिर की बाढ़ में डूब रही सब सृष्टि।
मानो चक्कर में पड़ी चकराती है दृष्टि॥

विप्रलम्भ शृंगार में माधुर्य व्यंजक वर्णों का प्रयोग होना चाहिये; उसके प्रतिकूल यहाँ कठोर वर्णों का प्रयोग है। (दे० गुण-प्रकरण)।

(14) हतवृत्तत्व— छन्दोभंग को हतवृत्त कहते हैं। मात्रा या वर्ण की न्यूनता अथवा अधिकता से जब छन्द टूट जाता है तो हतवृत्तत्व दोष होता है।

पगली! देख जरा कैसी मर-मिटने की तैयारी।
जादू चलेगा न धुन के पक्के इन बनजारों पर॥

द्वितीय पंक्ति में मात्रा की अधिकता से छन्दोभंग है।

(15) अस्थानपदत्त्व— जिस पद को जहाँ रहना चाहिए वहाँ नहीं रहने पर यह दोष होता है।

लहर लहर पर लहराते हैं मधुर प्रभाती गान।
स्वर्ग भुवन बन रहा उड़े जाते ऊपर को प्राण।

यहाँ 'स्वर्ग' को पहले और 'भुवन' को बाद में रखने से अर्थ होता है कि स्वर्ग ही भुवन बन रहा है, किंतु अभिमत अर्थ है कि 'भुवन स्वर्ग बन रहा है'। अत: उद्देश्य के रूप में भुवन का पहले और विधेय के रूप में स्वर्ग का पीछे उल्लेख होना चाहिए था।

(16) प्रसिद्धित्याग— परम्परागत प्रसिद्धि को छोड़ देना।

क्षोभ में ही प्रकट होता दर्प है;
गरजता छेड़े बिना कब सर्प है?

सर्प गरजता नहीं, फुफकारता है। यहाँ क्रिया में प्रसिद्धि का त्याग है।

अर्थदोष

(1) अपुष्टत्व—ऐसा प्रयोग जिससे अर्थ में न तो कोई वैशिष्ट्य आये और न कोई हानि।

रात यों कहने लगा मुझसे गगन का चाँद
आदमी भी क्या अनोखा जीव होता है।

चाँद तो 'गगन' का ही होता है, पृथ्वी या पाताल का नहीं, अत: यहाँ 'गगन का' कहने से अर्थ में न तो कोई वैशिष्ट्य आता है और न क्षति होती है।

जय मानव की धरा साक्षिणी।
जय विशाल अम्बर की जय हो।

यहाँ अम्बर को विशाल कहने में अपुष्टत्व दोष है। अम्बर तो विशाल होता ही है, फिर, विशाल विशेषण से क्या लाभ।

(2) कष्टार्थत्व—जहाँ अर्थ में कष्ट हो।

वैसे अभेद सागर में
प्राणों का सृष्टिक्रम है;
सबमें घुल-मिलकर रसमय
रहता यह भाव चरम है।

अर्थबोध में कठिनाई होने से यहाँ कष्टार्थत्व दोष है।

(3) व्याहतत्व—किसी वस्तु का उत्कर्ष दिखाकर उसी का अपकर्ष दिखाना।

कमलवदनी का वदन है कमल से बढ़कर मनोहर।

यहाँ 'कमलवदनी' में कमल का उत्कर्ष दिखाया गया है और उत्तरार्ध में उसी का अपकर्ष है।

(4) पुनरुक्तत्व—शब्द-भेद से एक ही बात कहना।

मैं निस्तेजों का तेज, युगों के मूक मौन की बानी हूँ।

यहाँ 'मूक' और 'मौन' में केवल शब्द-भेद है; अर्थ एक ही है। जरा मरण जीवन की और न **कुछ सुननेवाली, बहरी।**

यहाँ 'न कुछ सुनने वाली' और 'बहरी' में पुनरुक्ति है क्योंकि दोनों का अर्थ एक है।

(5) अनवीकृतत्व—एक प्रकार के शब्दों की बार-बार आवृत्ति।

युद्ध का परिणाम ?
युद्ध का परिणाम ह्रास त्रास।
युद्ध का परिणाम सत्यानाश।

रुंड-मुंड-लुंठन, निहिंसन, मीच।
युद्ध का परिणाम लोहित कीच।

यहाँ 'युद्ध का परिणाम' की बार-बार आवृत्ति हुई है।

घन घोषित कर दे भुक्तिभूमि भारत है।
कह दे समीर, यह मुक्तिभूमि भारत है।
ध्वनि उठे धरा से, भक्तिभूमि भारत है।
गूँजे अनन्त नभ, युक्तिभूमि भारत है।

यहाँ 'भारत है' की बार-बार आवृत्ति से अनवीकृत दोष है।

'अ-नवीकृत' का अर्थ है—जो नया नहीं किया गया हो अर्थात् जिस अभिव्यंजना में नयेपन का अभाव हो।

(6) **ग्राम्यत्व**— ग्राम्यजनोचित प्रयोग।

पीछे कुछ भी हो, स्वाद चाहिये खाने में।
अच्छी लगती है, खुजली भी खुजलाने में।

यहाँ चतुर्थ चरण में ग्राम्यत्व दोष है।

(7) **दुष्क्रमत्व**—लोकनियम की अवहेलना।

पैसे दे दो पाँच, नहीं तो दस ही दे दो।

लोकनियम है कि अधिक की प्राप्ति नहीं होने पर कम की माँग की जाती है; यहाँ कम की माँग पहले और अधिक की माँग बाद में होने से दुष्क्रम दोष है।

(8) **साकांक्षत्व**— जहाँ अपेक्षित शब्द के अभाव से अर्थबोध में बाधा पड़ रही हो।

आह! घिरेगी हृदय लहलहे
खेतों पर करका-घन सी।

यहाँ 'हृदय' के बाद 'पर' का अभाव अर्थ बोध में बाधा उपस्थित करता है।

है वही महाह्रद निर्मल
जो मन की प्यास बुझाता;
मानस उसको कहते हैं
सुख पाता जो है जाता।

यहाँ तृतीय चरण (मानस उसको कहते हैं) के बाद 'वहाँ' नहीं रहने से तृतीय और चतुर्थ चरण असंबद्ध से लगते हैं।

(9) **अयुक्तपदत्व**—ऐसे अयुक्त पद का प्रयोग जिससे कथन समर्थित होने के बदले खंडित हो जाए।

चाँदनी घन में मिली है छा रही सब ओर,
साँझ को ही दीखता ज्यों हो गया हो भोर।

यहाँ उत्तरार्ध से ऐसी प्रतीति होती है कि 'साँझ' की अपेक्षा 'भोर' अधिक भयंकर और अंधकारमय है। वस्तुतः बात उलटी है। अतः जो प्रभाव कवि उत्पन्न करना चाहता है। वह खंडित हो जाता है।

(10) प्रसिद्धि विरुद्धत्व— लोक या शास्त्र में जैसी प्रसिद्धि हो उसके विरुद्ध वर्णन करना।

उदयगिरि पर पिनाकी का कहीं टंकार बोला।

पिनाकी (शिव) का संबंध उदयगिरि (उदयाचल) से नहीं, कैलाश पर्वत से प्रसिद्ध है। यहाँ उसके विरुद्ध वर्णन है।

(11) विधिविरुद्धत्व—शास्त्र विरुद्ध वर्णन।

प्राण गलेंगे, देह जलेगी,
मर्मव्यथा की कथा ढलेगी,

प्राण गलने की चीज नहीं, अतः यहाँ शास्त्र विरुद्ध कथन है।

(12) साकांक्षत्व— अर्थ की संगति के लिए किसी शब्द की आकांक्षा (आवश्यकता)।

परिरंभ-कुंभ की मदिरा,
निश्वास-मलय के झोंके,
मुख-चंद्र चाँदनी जल में
मैं उठता था मुँह धोके।

यहाँ प्रथम चरण में 'मदिरा' के बाद वाक्य अधूरा है—उसके बाद 'पीकर' या किसी अन्य क्रिया-पद की आकांक्षा बनी रहती है। इसी प्रकार द्वितीय चरण में भी 'झोंके' के बाद किसी क्रिया-पद की आवश्यकता प्रतीत होती है। इन दोनों चरणों में साकांक्षत्व दोष है।

रसदोष

रस के आस्वादन में जिससे विलंब, अवरोध या बिघात हो वह रसदोष है। रसदोष के दस भेद माने गये हैं:

(1) स्वशब्दवाच्यत्व— रस की निष्पत्ति विभाव, अनुभाव और संचारी-भाव की योजना से होती है; केवल नाम ले लेने से रस निष्पत्ति नहीं हो सकती। स्वशब्दवाच्य का अर्थ है कि सामान्य रूप में रस-शब्द का या विशेष रूप में शृंगार, वीर, करुण आदि का नाम द्वारा कथन।

बल बिक्रम पौरुष अपार दरसत अँग-अँग तैं।
बीर रौद्र दोउ रस उदार झलकत रग-रग तैं।

यहाँ वीर और रौद्र रस का नाम से निर्देश है पर इससे रस-निष्पत्ति नहीं होती। अतः यहाँ स्वशब्दवाच्यत्व दोष है।

(2) विभावादि की कष्टकल्पना— विभाव और अनुभाव की कल्पना में कष्ट हो अर्थात् सुगमता से यह समझ में न आए कि यहाँ विभाव, अनुभाव या संचारी भाव क्या है। जब तक यही स्पष्ट नहीं होगा कि विभाव आदि क्या हैं तब तक उनसे निष्पन्न होने वाले रस की अनुभूति कैसे होगी?

(3) विरोधिरस-विभावादि-परिग्रह— वर्णनीय रस के विरोधी रस के विभाव आदि का वर्णन।

जिस रस का वर्णन अभीष्ट हो उस रस के अथवा उसके अनुकूल रस के विभावादि का वर्णन रस-निष्पत्ति में सहायक होगा। इसके प्रतिकूल यदि उसके विरोधी रस के विभावादि का वर्णन होगा तो उसकी निष्पत्ति में बाधा पड़ेगी। जैसे, शृंगार के वर्णन में हास्य की योजना से शृंगार पुष्ट होगा किन्तु उसमें भयानक आ जाए तो वह खंडित हो जाएगा। नायक-नायिका प्रेमालाप में लीन हों और वहाँ एकाएक कोई डाकू बंदूक लिये आ खड़ा हो तो प्राणों के लाले पड़ जाएँगे, प्रेम की मादकता समाप्त हो जाएगी। ऐसे विरोधी रस की सामग्री (विभावादि) का सन्निवेश नहीं करना चाहिए। ऐसे ही, रौद्र से शांत रस विघ्नित होगा।

उपर्युक्त तीनों दोष प्रबंध और मुक्तक दोनों में हो सकते हैं किन्तु निम्नलिखित दोष केवल प्रबंध काव्य में ही होते हैं:

(4) रस की पुनः पुनः दीप्ति— एक ही रस को बार-बार उद्दीप्त करना। काव्य में किसी भी रस का वहीं तक पोषण होना चाहिये जहाँ तक वह हृदय को रमा सके। अच्छी से अच्छी वस्तु भी अत्यधिक मात्रा में प्रीतिकर नहीं होती। अतः अनुपात का ध्यान रखना आवश्यक है।

(5) रस का अनवसर विस्तार (अकाण्डप्रथम)— रस के विस्तार का जहाँ अवसर नहीं है वहाँ उसका विस्तार दिखाना। काण्ड = अवसर, अकाण्ड = अनवसर, प्रथन = विस्तार। प्राचीन काव्य-शास्त्रीय ग्रन्थों में अकांडप्रथन शब्द प्रयुक्त है। जैसे प्रसंग ही करुण-रस का और उसके बीच शृंगार का दृश्य प्रस्तुत किया जाए तो करुण की पृष्ठभूमि में शृंगार का आस्वादन नहीं हो पाएगा।

(6) रस का अनवसर उपसंहार (अकाण्डच्छेदन)— रस की अनुभूति के क्रम में एकाएक उसे समाप्त कर देना अथवा किसी विरोधी रस की अवतारण कर देना। किसी भाव के अनुभव के लिये हृदय धीरे-धीरे तैयार होता है और एक भाव से दूसरे भाव पर जाने के लिये मनोदशा में क्रमिक परिवर्तन आवश्यक होता है। शोक की स्थिति से हास की स्थिति में, क्रोध की स्थिति से प्रेम की स्थिति में आने में समय लगता है। जैसे स्विच पर उँगली पड़ते ही एक के बाद दूसरी बत्ती जल उठती है, वैसे हृदय में आविर्भाव-तिरोभाव सहसा संभव नहीं है। अतः किसी रस का उपसंहार (अंत) करते समय भी इस मनोवैज्ञानिक सत्य को ध्यान में रखना चाहिए।

(7) अप्रधान रस का विस्तार— रस दो प्रकार के होते हैं: (1) अंगी और (2) अंग। अंगी का अर्थ है प्रधान और अंग का अर्थ है अप्रधान या गौण। किसी नाटक या महाकाव्य में अंगी रस एक ही होता है पर उसके साथ अंग रस अनेक हो सकते हैं। जैसे अभिज्ञान-शाकुंतल में अंगी रस शृंगार है किन्तु अंग रस के रूप में हास्य, वीर, अद्‌भुत, भयानक, वत्सल आदि अनेक रसों की योजना है। वहाँ शृंगार के बदले हास्य अथवा भयानक का अतिविस्तार शृंगार के प्रभाव को नष्ट कर देगा।

(8) अनंग-वर्णन— वैसा वर्णन जो अंगी रस की निष्पत्ति में उपकारक न हो। न + अंग = अनंग अर्थात् जो अंगी (प्रधान) रस का अंग न हो अर्थात् उसके परिपाक में सहायक न हो। कोई भी वर्णन अंगी रस पर दृष्टि रखकर ही होना चाहिये। वर्णन के लिये वर्णन का औचित्य नहीं है, उसका औचित्य अंगी रस की सिद्धि में है। अत: अनपेक्षित, अनुपकारक वर्णन से बचना चाहिये।

(9) अंगी की विस्मृति— अंगी की विस्मृति के दो अर्थ हैं: एक तो अंगी रस की विस्मृति अर्थात् प्रधान रस पर से ध्यान हट जाना और अंग रस का अनुपातरहित विस्तार हो जाना। दूसरा यह कि नायक-नायिका को किसी अवसर पर जो प्रमुखता मिलनी चाहिये वह न मिलना; उनके बदले गौण पात्रों का मंच घेरे रहना। चूँकि रस की सम्यक् निष्पत्ति नायक-नायिका से ही होती है अत: वे ही अंगी (प्रधान) हैं। उनकी विस्मृति नहीं होनी चाहिये।

(10) प्रकृतिविपर्यय— पात्रों की प्रकृति में परिवर्तन। प्राचीन साहित्य में नायक तीन प्रकार के माने गये हैं: दिव्य (स्वर्ग लोक में रहनेवाले देवता), अदिव्य (मनुष्य) और दिव्यादिव्य (देवता जो मनुष्य के रूप में अवतरित हैं जैसे राम, कृष्ण आदि)। इनकी प्रकृति जो परम्परा प्राप्त है उससे प्रतिकूल वर्णन करना रस में विधात लाता है। जैसे राम की पितृभक्ति, एक पत्नीव्रत, सुख-दु:ख में समान भाव आदि गुण सुविदित हैं। इसके प्रतिकूल कोई उन्हें पिता के आदेश की अवज्ञा करनेवाला, अनेक रमणियों में आसक्ति दिखानेवाला; सुख-दु:ख में सामान्य जन की तरह आपा खोनेवाला चित्रित करे तो यह प्रकृतिविपर्यय कहा जाएगा।

प्रकृतिविपर्यय का अर्थ यह भी है कि नाटक या काव्य में किसी पात्र के चरित्र का जैसा सहज विकास दिखाया गया हो उसका अवसान भी तदनुरूप ही होना चाहिये अथवा यदि परिवर्तन दिखाना ही हो तो उसके लिये पर्याप्त कारण होने चाहिए, साथ ही परिवर्तन क्रमश: और धीरे-धीरे दिखाना चाहिये। ऐसा नहीं कि खल को एकाएक महात्मा बना दिया जाए; कामी एकाएक विरक्त हो जाए या कंजूस उदार बन जाए। इस तरह का प्रकृतिविपर्यय (स्वभाव-परिवर्तन) साधार और सहेतुक होना चाहिये।

■

अलंकार

शब्द और अर्थ की शोभा बढ़ानेवाले धर्म को अलंकार कहते हैं।[1]

अलंकार का सुप्रसिद्ध अर्थ है आभूषण या गहना। जिस प्रकार सुवर्ण आदि के आभूषणों से शरीर की शोभा बढ़ती है, उसी प्रकार जिन उपकरणों से काव्य में सुन्दरता आती है उन्हें (उसी सादृश्य से) अलंकार कहते हैं।

वस्तुत: शब्द और अर्थ को एक-दूसरे से सर्वथा पृथक् कर रखना सम्भव नहीं है क्योंकि वे परस्पर अविच्छिन्न रूप से सम्बद्ध हैं। यदि शब्द है तो उसका कुछ न कुछ अर्थ अवश्य होगा; वैसे ही अर्थ की सत्ता भी शब्द के बिना नहीं हो सकती। (निरर्थक शब्दों से काव्य का कोई प्रयोजन नहीं। अत: उसकी शंका का अवकाश नहीं है)। जिस प्रकार प्राणहीन शरीर निष्प्रयोजन है तथा शरीरवियुक्त प्राण अगोचर या अग्राह्य है, उसी प्रकार अर्थहीन शब्द अनुपादेय अथवा अव्यवहार्य और शब्दरहित अर्थ अबोध्य या अज्ञेय है। जैसे स्थूल (मूर्त्त) शरीर से ही सूक्ष्म (अमूर्त्त) प्राण का अनुभव होता है, वैसे ही अमूर्त्त भाव या अर्थ को अनुभवगम्य बनाने के लिए मूर्त्त शब्द का आश्रय लेना अनिवार्य है। अर्थ को शब्द का प्राण और शब्द को अर्थ का शरीर कह सकते हैं।

तो शब्द ही वह माध्यम है जिसके द्वारा अर्थ या भाव की प्रतीति की या करायी जा सकती है। इस तरह हैं तो दोनों अविच्छेद्य, फिर भी 'गिरा-अरथ जल-बीचि सम कहियत भिन्न न भिन्न।' उनके अभिन्न होने पर भी भिन्नतया प्रयोग होता है; 'यह शब्द ठीक नहीं', 'यह अर्थ गलत है' आदि। ऐसे स्थलों पर 'प्राधान्येन व्यपदेशा भवन्ति' —प्रधानता से नाम दिये जाते हैं—इस नीति के अनुसार उनका पृथक-पृथक व्यवहार होता है। इसी को अन्वय-व्यतिरेक भी कहते हैं। किसी के रहने पर कोई रहे, यह अन्वय और किसी के न रहने पर कोई नहीं रहे यह व्यतिरेक है।[2] जहाँ शब्द के ही ऊपर अलंकार की निर्भरता है वहाँ उसी की प्रधानता मानी जाएगी; इसलिए उसे शब्दालंकार कहेंगे, अर्थात् यदि उस शब्दविशेष को परिवर्तित कर दें तो अर्थ वही रहने पर भी वह अलंकार नहीं हो सकेगा। जैसे 'बंदउं गुरु पद पदुम परागा' को यदि 'बंदउं गुरु पद कमल परागा' कर दें तो अर्थ ज्यों का त्यों रहने पर भी कमल के पर्याय 'पदुम' के रहने से पहले पाठ में 'पद' के सान्निध्य से जो छेकानुप्रास निष्पन्न होता था, वह दूसरे पाठ में

1. काव्यशोभाकरान् धर्मान् अलंकारान् प्रचक्षते। —दण्डी
2. तत्सत्वे तत्सत्वम् अन्वय:, तदसत्वे तदसत्वं व्यतिरेक:।

नष्ट हो जाता है। इसलिए छेकानुप्रास (शब्दालंकार) के निर्वाह में 'पदुम' शब्द **की** स्थिति अनिवार्य है—कमल के दूसरे पर्याय से काम नहीं चलेगा। अर्थ वही **रहने** पर भी शब्दभेद से जो अलंकार नष्ट हो जाता है, उसे शब्दालंकार कहेंगे। वैसे ही जहाँ शब्द की कोई प्रधानता नहीं, अलंकार केवल अर्थाश्रित हो, अर्थात् शब्द-परिवर्तन कर देने पर भी जहाँ अर्थ अपरिवर्तित रहे, वहाँ अर्थालंकार होता है। जैसे, उपर्युक्त उदाहरण में ही 'पद-पदुम' में रूपक अलंकार होता है; यदि 'पदुम' के बदले हम कमल शब्द भी रख दें तो 'पद-कमल' में रूपक अव्याहत रहता है— उसमें कोई अन्तर नहीं आता क्योंकि अर्थ तो पदुम और कमल दोनों का एक ही है। यहाँ अलंकार अर्थ के अधीन है, इसलिए रूपक को अर्थालंकार कहेंगे। कहीं अलंकार की स्थिति शब्द और अर्थ दोनों पर अवलम्बित रहती है—वहाँ किसी एक का भी परिवर्तन कर देने से अलंकारता नष्ट हो जाती है; अतः उसे उभयालंकार या शब्दालंकार कहते हैं। इस तरह जो कुछ कहा जा चुका है उसके अनुसार अलंकार के तीन भेद हुए—

1. शब्दालंकार—जहाँ शब्दगत अलंकार हो।
2. अर्थालंकार—जहाँ अर्थगत अलंकार हो।
3. शब्दार्थालंकार या उभयालंकार—जहाँ शब्दार्थ—उभयगत अलंकार हो।

इनमें उभयालंकारों की संख्या अत्यन्त परिमित, शब्दालंकारों की उससे अधिक और अर्थालंकारों की सबसे अधिक है।

शब्दालंकार

छेकानुप्रास

अनेक व्यंजनों की एक बार स्वरूप और क्रम से आवृत्ति को छेकानुप्रास कहते हैं।[1]

छेक का अर्थ है विदग्ध या चतुर और उन्हें यह अलंकार प्रिय है, अतः इसे छेकानुप्रास कहते हैं।

छेकानुप्रास में वर्णों की आवृत्ति **स्वरूपतः** तथा **क्रमतः**—उभयथा होनी चाहिए; जैसे 'कमल कोमल'। यहाँ यदि स्वरों को छाँट दें (अनुप्रास में स्वरों की गणना नहीं होती क्योंकि उनमें कोई चमत्कार नहीं रहता) तो कमल में क म ल और कोमल में भी क म ल बचा रहता है। इन दोनों क म ल का स्वरूप और क्रम एक ही है, आवृत्ति भी एक ही बार हुई है; इसलिए यहाँ छेकानुप्रास मानेंगे। इसके विपरीत यदि 'कमल' और 'कलम' रखें तो छेक नहीं होगा; कारण यह कि यहाँ क्रमशः आवृत्ति नहीं है—कमल में क के बाद म और म के बाद ल है, पर

---

1. छेको व्यंजनसंघस्य सकृत् साम्यमनेकधा। —सा०द०

कलम में क के बाद ल तब म है; अतः यहाँ क्रम भंग हो जाता है।

बंदउँ गुरु पद पदुम परागा। सुरुचि सुबास सरस अनुरागा॥

यहाँ अनेक व्यंजनों—पद पदुम में पद और सुरुचि सरस में सर —की स्वरूपतः और क्रमतः एक बार आवृत्ति है।

सठ सुधरहिं सत संगति पाई। पारस परसि कुधातु सोहाई।

यहाँ पारस परस में छेकानुप्रास है।

विस्मृति का नील नलिन रस बरसो अपांग के घन से।—प्रसाद

यहाँ नील नलिन में न ल की और रस बरसो में र स की एक बार आवृत्ति रहने से छेक है।

बाल बेलि सूखी सुखद, इहि रूखे रुख घाम।
फेरि डहडही कीजिये सुरस सींचि घनस्याम॥

यहाँ बाल बेलि में ब ल की, सूखी सुखद में स ख की और रूखे रुख में र ख की एक बार स्वरूप और क्रम से आवृत्ति होने से छेकानुप्रास है।

वृत्त्यनुप्रास

यदि एक व्यंजन की एक बार या अनेक बार, अनेक व्यंजनों की एक बार या अनेक बार स्वरूपतः अथवा अनेक व्यंजनों की अनेक बार स्वरूपतः क्रमतः आवृत्ति हो तो वृत्त्यनुप्रास है।

रसानुकूल वर्ण-विन्यास को वृत्ति कहते हैं। भिन्न-भिन्न रसों में तत्तदनुरूप वर्णों के प्रयोग का निर्देश है, जैसे—शृंगार में मधुर, वीर परुष अर्थात् कठोर आदि। इस प्रकार के वर्णों के प्रयोग से तत्तत् रस की व्यंजना में बड़ी सहायता मिलती है। इस तरह वृत्त्यनुप्रास का अर्थ है—वृत्ति के अनुकूल (अनु—) प्रकृष्ट (प्र—) वर्ण-विन्यास (—आस)—वृत्ति + अनु + प्र + आस—वृत्त्यनुप्रास। बहुत-से लोग—विद्यार्थी तो विद्यार्थी, कितने ही विद्वान् भी—प्रायः 'वृत्त्यानुप्रास' शब्द का प्रयोग करते हैं, जो सर्वथा अशुद्ध और प्रयोक्ता के अज्ञान का परिचायक है। इसी प्रमाद को दूर करने के लिए ऊपर,'वृत्त्यनुप्रास' शब्द की व्युत्पत्ति पर प्रकाश डाल दिया गया है।

ऊपर की परिभाषा को निम्नोक्त रूप से और भी स्पष्ट कर सकते हैं—

1. एक व्यंजन की एक बार आवृत्ति।

2. एक व्यंजन की अनेक बार आवृत्ति।

3. अनेक व्यंजनों की एक बार आवृत्ति स्वरूपतः (छेकानुप्रास में स्वरूपतः और क्रमतः आवृत्ति होती है)।

4. अनेक व्यंजनों की अनेक बार आवृत्ति स्वरूपतः (छेकानुप्रास में एक ही बार और क्रमतः आवृत्ति होती है)।

5. अनेक व्यंजनों की अनेक बार आवृत्ति स्वरूपतः क्रमतः (छेकानुप्रास में एक ही बार और क्रमतः आवृत्ति होती है)।

1. एक व्यंजन की एक बार आवृत्ति—

उघरहिं बिमल बिलोचन ही के।
मिटहिं दोष दुःख भव रजनी के॥

यहाँ ब की एक बार और द की भी एक ही बार आवृत्ति है।

2. एक व्यंजन की अनेक बार आवृत्ति—

सबहि सुलभ सब दिन सब देसा। सेवत सादर समन कलेसा॥

एक स की अनेक बार आवृत्ति है।

सुधा सुरा सम साधु असाधू। जनक एक जग जलधि अगाधू॥

यहाँ पहले चरण में स की और दूसरे चरण में ज की अनेक बार आवृत्ति है।

3. अनेक व्यंजनों की एक बार स्वरूपतः आवृत्ति—

रस सरिता कब बक अवगाहहिं।

यहाँ 'रस सर' और 'कब बक' में केवल स्वरूपतः अनेक वर्णों की एक बार आवृत्ति है।

विधि निषेधमय कलिमल हरनी।
करम कथा रबिनन्दिनि बरनी॥

यहाँ र ब की स्वरूपतः एक बार आवृत्ति है।

4. अनेक व्यंजनों की अनेक बार स्वरूपतः आवृत्ति—

उस प्रमदा के अलकदाम से मादक सुरभि निकलती।

मद, दम, मद में अनेक व्यंजनों की अनेक बार केवल स्वरूपतः आवृत्ति है।

5. अनेक व्यंजनों की अनेक बार स्वरूपतः तथा क्रमतः आवृत्ति—

विराजमाना वन एक ओर थी कलामयी केलिवती कलिन्दजा।

या

कहीं सुनाती निज कंत साथ थी
स्व-काकली को कलकंठ कोकिला।

पहली पंक्ति में क ल की और दूसरी में क क ल ल की अनेक बार स्वरूपतः-क्रमतः आवृत्ति है।

लाटानुप्रास

तात्पर्यमात्र के भेद से शब्द और अर्थ दोनों की पुनरुक्ति को लाटानुप्रास कहते हैं।[1]

---

1. शब्दार्थयोः पौनरुक्त्यं भेदे तात्पर्यमात्रतः लाटानुप्रास इत्युक्तः। —सा०द०

'लाट' आधुनिक गुजरात का प्राचीन नाम है। सम्भवतः वहीं इस अलंकार की सर्वप्रथम उद्भावना हुई या वहाँ के लोगों को यह बहुत प्रिय था, इसीलिए इसका नाम लाटानुप्रास पड़ा है।

शब्द और अर्थ दोनों की पुनरुक्ति में तात्पर्य भेद कैसे होता है, यह निम्नोक्त उदाहरण से स्पष्ट हो जायगा। कोई किसी व्यक्ति से पूछता है 'लड़का कैसा है' और वह उत्तर देता है कि 'लड़का तो लड़का ही है'; यहाँ 'लड़का' शब्द की ही नहीं उसके अर्थ की भी आवृत्ति हुई है पर दोनों के अर्थ में तात्पर्य भेद यह है कि प्रथम 'लड़का' शब्द के सामान्य अर्थ को प्रकट करता है पर दूसरा 'लड़का' शब्द उसकी रूपबुद्धिशीलादिगुण-विशिष्टता को व्यक्त करने वाला है।

पदगत—

पंकज तो पंकज, मृगांक भी है मृगांक री प्यारी।
मिली न तेरे मुख की उपमा, देखी वसुधा सारी।

यहाँ 'पंकज' की आवृत्ति है—पहले पंकज शब्द का साधारण अर्थ कमल है और दूसरे पंकज का कीचड़ आदि जैसे गर्हित-असुन्दर स्थल से उत्पन्न, अतः विशेषताहीन कमल। वैसे ही प्रथम मृगांक का साधारण अर्थ केवल चन्द्रमा है और दूसरे मृगांक का कलंकादियुक्त चन्द्रमा। इस प्रकार शब्द तथा अर्थ की पुनरुक्ति होने पर भी दोनों के तात्पर्य में भिन्नता के कारण यह लाटानुप्रास है।

वाक्यगत—

तीरथ ब्रत साधन कहा, जो निसदिन हरिगान।
तीरथ ब्रत साधन कहा, बिन निसदिन हरिगान॥

यहाँ पूर्वार्द्ध का अन्वय 'जो' के साथ और उत्तरार्द्ध का 'बिन' के साथ है। पूर्वार्द्ध का अर्थ हुआ—'यदि रात-दिन भगवत् भजन होता है तो तीर्थव्रतादि को साधना से क्या?' और उत्तरार्द्ध का—'बिना रात-दिन भगवत्-भजन किये केवल तीर्थ-व्रतादि की साधना से क्या?' इस भाँति शब्द और अर्थ एक होने पर भी अन्वय-भेद से अर्थभेद हो जाता है।

यमक

भिन्नार्थ अथवा निरर्थक स्वर-व्यंजन समुदाय की आवृत्ति को यमक कहते हैं।[1]

'यमक' शब्द का अर्थ है 'दो'। इसलिए इस अलंकार में एक ही आकार वाले वर्ण-समूह का कम से कम दो बार श्रवण आवश्यक है। अधिक के लिए कोई संख्या निर्धारित नहीं—कितनी बार भी आवृत्ति हो सकती है।

---

1. सत्यर्थे पृथगर्थाया: स्वरव्यंजनसंहते:।
   क्रमेण तेनेवावृत्ति: यमकं विनिगद्यते। —सा०द०

वस्तुत: इसे अनुप्रास का ही एक भेद समझना चाहिए, पर जहाँ अनुप्रास के अन्य भेदों में स्वरों की गणना नहीं होती, वहाँ इसमें स्वरों की भी गणना होती है।

यमक में अर्थ का विचार प्रधान नहीं रहता—इसमें कवि का ध्यान रहता है। एक विशेष ढंग से वर्णों के विन्यास पर जिससे उनकी आवृत्ति-सी प्रतीत हो। अत: यमक का चमत्कार शब्दाश्रित है, अर्थाश्रित नहीं। इसीलिए यह आवश्यक नहीं है कि ऐसे वर्ण सार्थक ही हों। वे सार्थक और निरर्थक दोनों ही हो सकते हैं। यदि वे निरर्थक हुए तब तो कुछ बखेड़ा ही नहीं खड़ा होता; यदि उनमें एक सार्थक, दूसरा निरर्थक रहा तब भी ठीक है; पर यदि दोनों ही सार्थक हुए तो वैसी दशा में अर्थ के सम्बन्ध में कुछ नियम चाहिए। इसी बात के निर्णय के लिए लक्षणा में 'भिन्नार्थक' विशेषण दिया गया है। यदि यमक के दोनों अंगों में सार्थकता हो तो दोनों को भिन्नार्थक अलग-अलग अर्थ वाला—होना चाहिए।

लाटानुप्रास में शब्द और अर्थ दोनों एक रहते हैं; यमक में केवल शब्दों में ही समानता रहती है, अर्थों का सर्वथा भिन्न रहना आवश्यक है।[1]

केकी-रव की नूपुर-ध्वनि सुन
जगती जगती की मूक प्यास। —महादेवी

यहाँ 'जगती' शब्द की आवृत्ति में यमक है। प्रथम 'जगती' क्रिया है और द्वितीय 'जगती' पृथ्वी का पर्याय। स्वर-व्यंजन समुदाय की आवृत्ति तो है पर दोनों शब्द भिन्नार्थक हैं।

किसी सोच में हो विभोर साँसें कुछ ठंडी खींचीं।
फिर झट गुल कर दिया दिया को दोनों आँखें मीचीं। —नूरजहाँ

यहाँ दिया, दिया में यमक है—एक 'दिया' क्रिया है और दूसरा 'दिया' दीपक का वाचक।

श्लेष

शिलष्ट पदों से अनेक अर्थों का कथन श्लेष अलंकार है।[2]

शिलष्ट शिलष धातु से निष्पन्न विशेषण है, जिसका अर्थ है मिला हुआ, सटा हुआ या चिपका हुआ, इसलिए शिलष्ट शब्द का अर्थ हुआ ऐसा शब्द जिसमें अनेक अर्थ मिले हुए या चिपके हुए हों।

---

1. वरदे वीणावादिनि! वर दे।
   यहाँ 'वरदे' 'वर दे' में यमक है। प्रथम 'वरदे' 'वरदा' का संबोधन है जिसका अर्थ है वर देने वाली; द्वितीय 'वर दे' में वर कर्म है और दे क्रिया। इस प्रकार दोनों 'वरदे' दो भिन्न अर्थों के बोधक हैं, फिर भी स्वरव्यंजनसमुदाय की आवृत्ति है; अत: यहाँ यमक अलंकार है।
2. शिलष्टे: पदैरनेकार्थाभिधाने श्लेष इष्यते। —सा०द०

शब्द दो प्रकार के हैं—एकार्थवाची और अनेकार्थवाची। कुछ ऐसे हैं जिनका एक ही अर्थ होता है। जैसे घड़ा, पुस्तक आदि। ऐसे शब्दों के दो अर्थ नहीं होते, इसलिए इन्हें एकार्थवाची या अश्लिष्ट कहते हैं। दूसरी श्रेणी में वे शब्द आते हैं जिनके अनेक अर्थ हैं; जैसे, सूर के सूर्य और अन्धा; पयोधर के मेघ और स्तन; हरि के विष्णु, सूर्य, सिंह, बंदर, मेढक इत्यादि। ऐसे शब्दों को अनेकार्थवाची या श्लिष्ट कहते हैं क्योंकि एक ही शब्द में अनेक अर्थ चिपके रहते हैं। तो, श्लेष अलंकार में प्रयोग होता है एक ही शब्द का पर प्रसंग के अनुकूल उसके अनेक अर्थ लिये जाते हैं।

इस श्लेष के दो भेद हैं—अभंग और सभंग। अभंग उसे कहते हैं जिसमें बिना भंग (टुकड़े) के अनेक अर्थ हो जायें। ऊपर के हरि, पयोधर, सूर आदि शब्द अभंग श्लेष के उदाहरण हैं क्योंकि उन्हें बिना तोड़े हम भिन्न-भिन्न अर्थ निकालते हैं। सभंग में, जैसा नाम से ही स्पष्ट है, शब्दों को तोड़-मरोड़ कर अनेक अर्थ प्राप्त किये जाते हैं। जैसे, कोई राम-कृष्ण दोनों की प्रशंसा पूतनामारण में अतिधीर इस एक ही विशेषण से करे तो दोनों के लिए उसे तोड़कर दो अर्थ करने होंगे—

पूतनामा (पवित्र नामवाले) और रण में अतिधीर (युद्ध में धैर्यवान)—राम।

पूतना-मारण (पूतना नाम की राक्षसी के मारने) में अतिधीर—कृष्ण।

तो, यहाँ प्रकरण के अनुसार 'पूतनामारण' इस शब्द के 'पूतनामारण' और 'पूतना-मारण' इन दो प्रकारों से टुकड़े कर उसके दो अर्थ किये जाते हैं; इसलिए यह सभंग श्लेष का उदाहरण है।

'रहिमन' पानी राखिये, बिन पानी सब सून।
पानी गये न ऊबरै मोती, मानुस, चून॥

यहाँ एक ही 'पानी' शब्द के बिना टुकड़े किये चमक, प्रतिष्ठा और जल ये तीन अर्थ निकलते हैं, जिनका क्रमशः मोती, मानुस और चून से अन्वय होता है; इसलिए यह अभंग श्लेष है।

जो घनीभूत पीड़ा थी मस्तक में स्मृति सी छाई।
दुर्दिन में आँसू बनकर वह आज बरसने आई॥ —प्रसाद

यहाँ घनीभूत के दो अर्थ हैं—इकट्ठी हुई और मेघ बनी हुई। वैसे ही दुर्दिन के भी दो अर्थ हैं—बुरे दिन (प्रतिकूल समय) और मेघाच्छन्न दिन। घनीभूत और दुर्दिन का भंग किये बिना ही ये दोनों अर्थ उपलब्ध होते हैं। अतः यह भी अभंग श्लेष है।

हे भूप! कुबेर, सुरेस सी सबों ने देखी वसुधा रणचातुरी तुम्हारी।

किसी राजा की प्रशंसा करते हुए कवि उसे कुबेर और इन्द्र दोनों के समान बता रहा है और विशेषण ऐसा देता है जो कुबेर और इन्द्र दोनों में भंग करके लागू हो जाता है।

कुबेर के सदृश—वसु (धन) + धारण (रखने की) + चातुरी (निपुणता)।

इन्द्र के सदृश—वसुधा (पृथ्वी में) + रण (युद्ध की) + चातुरी (निपुणता)।

इस प्रकार एक बार 'वसु+धारण' और दूसरी बार 'वसुधा+रण' भंग करके अर्थ निकालने से सभंग श्लेष है।

वक्रोक्ति

यदि वक्ता के अन्यार्थक वाक्य का, श्लेष या काकु से, श्रोता अन्य अर्थ करे तो वक्रोक्ति अलंकार होता है।[1]

वक्रोक्ति का अर्थ है वक्र (टेढ़ी) उक्ति (कथन) अर्थात् कथन को टेढ़ा करना। कहनेवाला किसी दूसरे तात्पर्य से कुछ कहे और सुननेवाला उसके दूसरे ही—वक्ता के इष्टार्थ से सर्वथा भिन्न तात्पर्य की योजना करे तो वैसे स्थल पर वक्रोक्ति अलंकार होता है। इस प्रकार के दूसरे अर्थ की कल्पना दो कारणों से सम्भव होती है—(1) श्लेष से अथवा (2) काकु से।

जैसा श्लेष के प्रकरण में कहा जा चुका है, श्लिष्ट शब्द के कई अर्थ होते हैं; जैसे 'हरि' के विष्णु, इन्द्र, सिंह, घोड़ा, बंदर, मेढक आदि अर्थ हैं। अब यदि कोई घोड़े को देखकर कहे कि 'मैंने हरि को देखा है', और सुननेवाला उसका अर्थ बंदर मान ले तो इसी को वक्रोक्ति कहेंगे। ऐसा होना सम्भव है क्योंकि हरि शब्द के, घोड़ा और बंदर, दोनों ही अर्थ हुआ करते हैं। यहाँ श्लेष के द्वारा वक्रोक्ति है।

काकु कहते हैं ध्वनि के विकार को। इस तरह के ध्वनि-विकार—आवाज में परिवर्तन—से हम प्राय: काम लेते हैं, विशेषत: प्रश्न आदि में इसका पर्याप्त उपयोग होता है। जैसे, आप जा रहे हैं का सीधा उच्चारण किसी के जाने का बोधक भर है और इसी का यदि प्रश्न के रूप में उच्चारण करें तो दूसरी तरह से कहेंगे। काकु से अर्थ में आकाश-पाताल का अन्तर हो जाता है। 'आप जरा जाइए तो' का अर्थ 'आप जाइए' भी है और उच्चारण-भेद से 'आप न जाइए' यह भी एक विध्यात्मक, दूसरा निषेधात्मक। विधि और निषेध—हाँ और नहीं—तक को एक ही वाक्य से, केवल काकु के द्वारा प्रकट किया जा सकता है। इसलिए काकु से भी व्यक्ति के अभिप्राय में अन्तर पड़ जाता है।

1. जो वक्रोक्ति श्लेष के कारण होती है उसे श्लेषमूला वक्रोक्ति कहते हैं।

2. जो वक्रोक्ति काकु के बल पर खड़ी होती है, उसे काकुमूला वक्रोक्ति कहते हैं।

---

1. अन्यस्यान्यार्थकं वाक्यम् अन्यथा योजयेद् यदि।
अन्य: श्लेषेण काक्वा वा सा वक्रोक्तिस्ततोद्यद्विधा॥—सा०द०

सभंगश्लेषमूला वक्रोक्ति

मान तजो गहि सुमति बर, पुनि-पुनि होत न देह।
मानत जोगी जोग को, मोहि न जोग सनेह॥

कोई किसी से कहता है—'हे वर (श्रेष्ठ)। सुमति गहि (सुन्दर बुद्धि से काम लेकर) मान तजो (रूठना छोड़ दो)।' इन शब्दों को सुननेवाला 'मानत जोगहिं सुमति वर' सुन्दर बुद्धिवाले योग को मानते हैं—इस प्रकार शब्द तोड़कर, उत्तर देता है कि 'योगी ही योग को मानते हैं, हम योग से स्नेह नहीं करते।' 'मानत जोगहिं' इतने अंश को टुकड़े कर उसका दूसरा अर्थ किया गया है; यहाँ सभंगश्लेषमूला वक्रोक्ति है।

अभंगश्लेषमूला वक्रोक्ति

एक कबूतर देख हाथ में पूछा कहाँ अपर है
उसने कहा अपर कैसा? वह उड़ गया सपर है॥—नूरजहाँ

यहाँ पूर्वार्द्ध में जहाँगीर ने दूसरे कबूतर के बारे में पूछने के लिए अपर (अन्य) शब्द का प्रयोग किया है पर नूरजहाँ ने अपर का बिना पर (पंख) वाला अर्थ कर उत्तरार्द्ध में उत्तर दिया है। अपर में अभंगश्लेष है और यहाँ तन्मूलक वक्रोक्ति है।

काकु वक्रोक्ति

जब आप पिता के वचन पाल सकते हैं।
तब माँ की आज्ञा भरत टाल सकते हैं?—साकेत

यहाँ द्वितीय पंक्ति में काकु के द्वारा 'नहीं टाल सकते हैं', यह अर्थ होता है।

मैं सुकुमारि नाथ बन जोगू। तुमहिं उचित तप मो कहँ भोगू॥

'तुम्हें तप उचित और मुझे भोग' यह विधिवाक्य काकु के द्वारा निषेध का अर्थ प्रदान करता है, अर्थात् तुम्हें तप और मुझे भोग उचित नहीं है।

पुनरुक्तवदाभास

भिन्न आकार वाले शब्दों के अर्थ में आपाततः पुनरुक्ति की प्रतीति को पुनरुक्तवदाभास कहते हैं।[1]

पुनरुक्तवदाभास शब्द का अर्थ है पुनरुक्ति-सा आभास। 'आभास' से ही स्पष्ट है कि वस्तुतः इसमें पुनरुक्ति रहती नहीं है पर शब्दों का सन्निवेश कुछ इस प्रकार रहता है कि पुनरुक्ति-सी प्रतीत होने लगती है। जैसे कोई कहे कि 'हाथ में कर दे दिया', यहाँ 'हाथ' और 'कर' में सहसा पुनरुक्ति-सी झलकती है—ऐसा

---

1. आपाततो यदर्थस्य पौनरुक्तत्यवभासनम्।
पुनरुक्तवदाभासः स भिन्नाकारशब्दगः॥—सा०द०

मालूम पड़ता है जैसे दोनों का एक ही अर्थ—हाथ—हो पर अर्थ की पर्यालोचना के अनन्तर यह बात समझ में आती है कि 'हाथ' का अर्थ हाथ और 'कर' का अर्थ हाथ नहीं, लगान या मालगुजारी है। उसके बाद यह पुनरुक्ति की भावना मिट जाती है। इस अलंकार की स्थिति तभी तक रहती है जब तक वास्तविक अर्थ का बोध नहीं होता—अर्थ की स्पष्टता के बाद इसका अन्त हो जाता है। इसीलिए लक्षण में 'आपातत:' शब्द का प्रयोग हुआ है।

यद्यपि प्राचीन आचार्यों ने पुनरुक्तवदाभास की गणना शब्दालंकारों में ही की है पर इसे उभयालंकार में ही रखना अधिक समीचीन है, कारण कि अन्वयव्यतिरेक के नियमानुसार अलंकारों का विषय-विभाजन होता है, उसके आधार पर यह शब्द और अर्थ दोनों के आश्रित है। कहीं तो इसमें शब्द-परिवर्तन सम्भव होता है और कहीं नहीं। जहाँ शब्द परिवर्तन सम्भव है वहाँ अर्थ की प्रधानता रहती है और जहाँ शब्द-परिवर्तन सम्भव नहीं वहाँ शब्द की। इसलिए शब्द और अर्थ उभयाश्रित होने से इसे शब्दार्थालंकार या उभयालंकार की श्रेणी में ही रखना उचित है। उदाहरण से इसका स्पष्टीकरण हो जायगा।

जहाँ यह शब्दगत होता है वहाँ सभंग और अभंग दो रूपों से इसकी निष्पत्ति होती है।

शिव शंकर हर भव भय मेरे।

यहाँ शिव, शंकर, हर और भव का एक ही अर्थ होने से पुनरुक्ति की प्रतीति होती है पर अर्थबोध के पश्चात् उसका निराकरण हो जाता है। इसका अर्थ होगा—हे शिव! शम् (कल्याण) करो और मेरे भव (संसार) के भय को हरो (दूर करो)।

इस उदाहरण में शंकर में सभंग और अन्यत्र अभंग है।

हिमगिरि के मस्तक से निर्झर बन बह चला पसीना।
पानी में है जान सभी की जीवन ही है जीना॥

—नूरजहाँ

यहाँ 'जीवन' और 'जीना' में पुनरुक्तवदाभास है, दोनों का एक ही अर्थ प्रतीत होता है पर जीवन का अर्थ जल है। ग्रीष्म ऋतु में जल पर ही जीवन निर्भर करता है।

अर्थालंकार

उपमा

भिन्न पदार्थों के सादृश्य-प्रतिपादन को उपमा कहते हैं।[1]

---

1. साधर्म्यमुपमा भेदे।—का०प्र०

उपमा का अर्थ है (उप) समीप से (मा) तौलना (देखना) अर्थात् एक वस्तु के समीप दूसरी वस्तु को रखकर उनकी समानता प्रतिपादित करना।

अर्थालंकारों का मूलाधार उपमा ही है। सादृश्यमूलक अलंकार तो इसी के रूपान्तर हैं।[1]

किसी के सुन्दर मुख को देखकर 'इसका मुख चाँद-सा सुन्दर है', किसी के कोमल हाथ को छूकर 'इसका हाथ कमल के जैसा कोमल है', किसी मोटे या लम्बे आदमी को देखकर 'यह हाथी-सा मोटा है' या 'यह ऊँट-सा लम्बा है', किसी की मूर्खता पर खीझकर 'वह गदहे-सा मूर्ख है' इत्यादि अनन्त प्रयोग प्रतिपल सुनने को मिलते हैं। इन वाक्यों पर विचार करने से यह प्रकट होता है

---

1. उपमा ही प्रकार-भेद से भिन्न-भिन्न अलंकारों का रूप कैसे धारण करती है यह नीचे के उदाहरणों से स्पष्ट है—

(क) उपमा—मुख-सा चन्द्र है।

(ख) अनन्वय—मुख मुख ही सा है।

(ग) उपमेयोपमा—मुख-सा चन्द्र और चन्द्र-सा मुख है।

(घ) प्रतीप—मुख-सा चन्द्र है।

(ङ) रूपक—मुख चन्द्र है।

(च) उल्लेख—(उसके) मुख को कोई कमल, कोई चन्द्र कहता है।

(छ) स्मरण—चन्द्र को देखकर मुख याद आता है।

(ज) भ्रान्तिमान्—मुख को देख चकवे का जोड़ा अलग हो गया। (कवि-समय है कि रात को चकवा और चकवी साथ नहीं रह सकते। यहाँ मुख में चन्द्र का भ्रम हो जाने से वे अलग हो जाते हैं)।

(झ) सन्देह—यह मुख है या चन्द्र है?

(ञ) अपह्नुति—यह मुख नहीं, चन्द्र है।

(ट) उत्प्रेक्षा—मुख मानो चन्द्र है।

(ठ) अतिशयोक्ति—यह चन्द्र है।

(ड) तुल्ययोगिता—उसके मुख, नेत्र और अधर में सुषमा का सार निहित है।

(ढ) दीपक—मुख और चन्द्र शोभते हैं।

(ण) प्रतिवस्तूपमा—मुख को देखकर नेत्र तृप्त हो जाते हैं। चन्द्र-दर्शन से किसकी आँखें नहीं जुड़ातीं?

(त) दृष्टान्त—मुख निसर्गसुन्दर है।

भला, चन्द्र को प्रसाधन की क्या आवश्यकता?

(थ) निदर्शना—मुख की चन्द्र से समता करना कमल को आक की पंक्ति में बैठाना है। मुख में चन्द्र की चमक है।

(द) व्यतिरेक—चन्द्र सकलंक, मुख निष्कलंक; दोनों में समता कैसी?

कि किसी वस्तु के विषय में अपनी भावना को अधिक सबलता, सुन्दरता और स्पष्टता के साथ अभिव्यक्त करने के लिए हम किसी दूसरी वस्तु से, जिसकी यह विशेषता सुपरिचित रहती है, उसका सादृश्य दिखाते हैं। चाँद मानो सुन्दरता का, कमल कोमलता का, हाथी मोटेपन का, ऊँट लम्बाई का, गदहा मूर्खता का प्रतीक है। इनके इन गुणों को सभी जानते हैं, इसलिए जैसे ही इनके साथ हम किसी दूसरी वस्तु का साम्य प्रतिपादित करते हैं वैसे ही अपनी भावना को मानो हम अधिक मूर्त्त रूप दे देते हैं।

उपमेय—उपमेय का शाब्दिक अर्थ है 'उपमा देने के योग्य' अर्थात् जिससे उपमा दी जाय—जिसकी समता किसी दूसरे पदार्थ से दिखलायी जाय; जैसे पूर्वोक्त उदाहरण में 'मुख' उपमेय है क्योंकि इसकी समता 'चन्द्र' से की जाती है। 'हाथ कमल-सा कोमल है', इस वाक्य में 'हाथ' उपमेय है। उपमेय के लिए प्रस्तुत, प्रकृत, विषय, वर्ण्य आदि शब्द भी आते हैं। उपमेय प्रायः उपमान की उपेक्षा अल्पगुण-शाली हुआ करता है।

उपमान—जिससे उपमा दी जाती है, उपमेय को जिसके समान बतलाया जाता है, उसे उपमान कहते हैं। पहले उदाहरण में 'चन्द्र' और दूसरे में 'कमल' उपमान हैं क्योंकि इन्हीं के समान 'मुख' या 'हाथ' को कहा गया है। उपमान को अप्रस्तुत, अप्रकृत, विषयी, अवर्ण्य इत्यादि नामों से भी पुकारा जाता है। उपमेय की उपेक्षा उपमान अधिक गुणशाली होता है।

साधारण धर्म—पहले की विवेचना में यह कहा जा चुका है कि दो वस्तुओं के बीच साम्य-प्रतिपादन किसी ऐसे गुण या विशेषता के ऊपर निर्भर करता है जो दोनों में पायी जाती है। इसी गुण या विशेषता को साधारण धर्म कहते हैं। धर्म शब्द का अर्थ यहाँ गुण होता? पूर्वोक्त उदाहरणों में "सुन्दर" और "कोमल" साधारण धर्म हैं। साधारण धर्म के पर्याय समान धर्म, साधर्म्य आदि भी हैं। संक्षेप में केवल धर्म भी व्यवहृत होता है। साधारण धर्म कहीं तो गुण (विशेषण)-रूप और कहीं क्रिया-रूप हुआ करता है। जैसे, "मुख चन्द्र-सा सुन्दर है"—यहाँ गुण-रूप और "मुख चन्द्र-सा शोभता है"—यहाँ क्रियारूप साधारण धर्म है। दोनों को साधारण धर्म ही कहते हैं।

सादृश्यवाचक—उपमेय और उपमान के बीच समता को बताने के लिए जिस शब्द का प्रयोग होता है उसे सादृश्यवाचक कहते हैं। सा, ऐसा, जैसा, सदृश, समान, तुल्य इत्यादि सादृश्यवाचक शब्द हैं। इन्हें औपम्यवाचक, साधर्म्यवाचक या (संक्षेप की दृष्टि से) केवल वाचक भी कहा जाता है।

उपमा के सर्वप्रथम दो भेद हैं : पूर्णोपमा और लुप्तोपमा। फिर इनके भी अनेक अवान्तर भेद हैं, जिन्हें आगे कहा जायेगा।

पूर्णोपमा

उपमा के चारों अंगों का शब्द द्वारा कथन हो तो उसे पूर्णोपमा कहते हैं।

मोम-सा तन घुल चुका अब दीप-सा मन जल चुका है—महादेवी

यहाँ पूर्णोपमा है क्योंकि उपमा के चारों अंग वर्तमान हैं।

उपमेय	उपमान	वाचक	साधर्म्य
तन	मोम	सा	घुल चुका
मन	दीप	सा	जल चुका

राम चरन पंकज मन जासू। लुबुध मधुप इव तजै न पासू॥

यहाँ उपमेय—मन, उपमान—(लुब्ध) मधुप, साधर्म्य—''पासू न तजै'' और वाचक—इव रहने से पूर्णोपमा है।

सादर कहहिं सुनहिं बुध ताही। मधुकर सरिस संत गुनग्राही॥

यहाँ ''संत'' उपमेय, ''मधुकर'' उपमान, ''गुनग्राही'' साधर्म्य और ''सरिस'' वाचक शब्द है।

लुप्तोपमा

जब उपमेय, उपमान, साधर्म्य और औपम्यवाचक में से किसी एक, दो या तीन अंगों का लोप हो तो उसे लुप्तोपमा कहते हैं।

उपमा के पूर्वोक्त चारों अंगों का शब्द द्वारा कथन हो ही, यह कोई आवश्यक नहीं। प्रसंगानुसार कभी कोई एक, कभी दो और कभी तीन अंग भी लुप्त (छिपे) रह सकते हैं। जब इस प्रकार कोई अंग लुप्त रहे तो लुप्तोपमा होता है।

(1) उपमेयलुप्ता— जहाँ उपमेय को छोड़कर उपमा के शेष तीनों अंगों का कथन हो।

चंचल है ज्यों मीन, अरुनारे पंकज सरिस।
निरखि न होय अधीन, ऐसो नर-नागर कवन॥

यहाँ पूर्वार्ध के प्रथम चरण में ''मीन'' उपमान, ''चंचल'' साधर्म्य और ''ज्यों'' वाचक तथा द्वितीय चरण में ''पंकज'' उपमान, ''अरुनारे'' साधर्म्य और ''सरिस'' वाचक शब्द है। उपमेय नेत्र का कथन नहीं है पर अनायास ही उसका आक्षेप हो जाता है।

(2) उपमानलुप्ता—जहाँ उपमा के चारों अंगों में केवल उपमान का लोप हो।

तीन लोक झाँकी, ऐसी दूसरी न झाँकी, जैसी
झाँकी हम झाँकी, बाँकी जुगलकिसोर की।

यहाँ ''जुगलकिसोर की झाँकी'' उपमेय, ''बाँकी'' साधारण-धर्म, ''ऐसी'' वाचक पर ''ऐसी दूसरी न झाँकी'' से उपमान का निषेध है।

(3) साधर्म्यलुप्ता—जहाँ एक साधर्म्य को छोड़कर शेष अंग वर्तमान हों।

कुन्द इन्दु सम देह, उमा रमन करुना अयन।
जाहि दीन पर नेह, करहु कृपा मर्दन मयन॥

यहाँ उपमेय (शंकर की देह); उपमान (कुन्द और इन्दु) तथा वाचक (सम) है। गौर आदि साधारण धर्म का लोप है।

(4) वाचकलुप्ता—जहाँ वाचक लुप्त हो।

नील सरोरुह स्याम, तरुन अरुन बारिज नयन।
करउ सो मम उर धाम, सदा छीर सागर सयन॥

यहाँ उपमेय ''छीर-सागर-सयन—विष्णु'', उपमान ''नील-सरोरुह'' तथा साधारण धर्म ''स्याम'' है। वाचक शब्द का लोप है।

अथवा **सरद बिमल बिधु बदन सुहावन।**

यहाँ भी वाचक शब्द का लोप है। ''बदन'' उपमेय, ''बिधु'' उपमान और ''सुहावन'' साधारण धर्म है।

(5) धर्मवाचकलुप्ता—जहाँ उपमेय और उपमान हों पर साधारण धर्म और वाचक का लोप हो।

सरस विलोचन, विधुवदन, लख आली! घनश्याम

यहाँ उपमेय (बदन) और उपमान (विधु) का कथन है। साधारण धर्म और वाचक लुप्त हैं।

धर्मवाचकलुप्ता उपमा और रूपक के स्थल संकीर्ण-से रहते हैं। वहाँ उपमा है या रूपक, यह निर्णय करना कठिन हो जाता है। इस पर विशद रूप से सन्देहसंकर अलंकार के प्रसंग में विचार किया जायेगा। तब तक यहाँ इतना समझ लेना चाहिये कि जहाँ विशेषण उपमेय से अन्वित होता हो, वहाँ उपमा और जहाँ उपमान से अन्वित होता हो, वहाँ रूपक माना जाता है। ऊपर वाले उदाहरण में ''सरस विलोचन'' का होना मुख (उपमेय) में ही सम्भव है, चन्द्रमा में आँखें नहीं होतीं। अत: इसे उपमा ही मानेंगे। वहीं यदि ''सरस विलोचन'' के बदले ''करत दूरि तम'' पाठान्तर कर दें तो ''विधुवदन'' में रूपक हो जायेगा क्योंकि तम (अन्धकार) दूर करना मुख का नहीं, विधु (उपमान) का धर्म है—मुख से अन्धकार नहीं दूर होता, चन्द्रमा से दूर होता है। ऐसे स्थलों में साधक-बाधक भाव के द्वारा ही अलंकार का निर्णय हो पाता है।

(6) धर्मोपमानलुप्ता— जहाँ उपमेय और वाचक हों पर धर्म और उपमान का कथन न हो।

नन्दन जैसा नहीं और उपवन है कोई।

यहाँ ''नन्दन'' उपमेय और ''जैसा'' वाचक है। उपमान और साधर्म्य का लोप है।

(7) धर्मोपमेयलुप्ता—जहाँ उपमान और वाचक हों पर उपमेय और धर्म लुप्त हों।

त्यौर तिरीछे किये मुनि संगहिं, हेरत संभु-सरासन मार-से।

धनुष-यज्ञ के समय राम-लक्ष्मण का वर्णन है। यहाँ अंत में उपमान (मार—कामदेव) और वाचक (से) हैं पर उपमेय (राम-लक्ष्मण) तथा साधर्म्य (सुन्दर आदि) का लोप है।

पोद्दारजी ने इस भेद को कुछ चमत्कार न होने के कारण लुप्तोपमा के भेदों में नहीं गिना पर प्रस्तुत उदाहरण में चमत्कार है या नहीं, यह सहृदय स्वयं विचार लें।

(8) वाचकोपमानलुप्ता— जहाँ उपमेय और साधारण धर्म हों पर उपमान और वाचक न हों।

दाड़िम दसन सु सित अरुन, हैं मृग नयन बिसाल।

यहाँ दशन और नयन उपमेय तथा सित-अरुण और विशाल साधर्म्य हैं। वाचक और उपमान का लोप है। दाड़िम और मृग को उपमान नहीं कह सकते बल्कि—दाड़िम (अनार) के दाने और मृग के नेत्र उपमान होते हैं, जो यहाँ लुप्त हैं।

(9) वाचकोपमेयलुप्ता— जहाँ वाचक और उपमेय का लोप हो।

इत तें उत उत तें इतै, छिन न कहूँ ठहराति।
जक न परति, चकई भई, फिरि आवति फिरि जाति॥

यहाँ ''चकई'' उपमान और ''फिरि आवति फिरि जाति'' साधारण धर्म है पर उपमेय ''नायिका'' और वाचक ''सी'' का लोप है।

(10) धर्मवाचकोपमानलुप्ता— जहाँ एक उपमेय ही हो, शेष तीनों का लोप हो।

बिधु बदनी मृग सावक लोचनि।

यहाँ उपमेय लोचन का कथन है पर उपमान, वाचक और धर्म लुप्त है। यदि कहा जाय कि उपमान ''मृग-सावक'' है ही, फिर उपमान का लोप कैसे? तो बात यह है कि आँखें मृग-शावक या मृग-सी नहीं, उसकी आँखों-सी होती हैं; इसलिए उसका अर्थ है मृगशावक के लोचनों-सी लोचनों वाली। अत: यहाँ उपमान मृगशावक के लोचन हैं, मृगशावक नहीं और उनका कथन यहाँ नहीं है। इस कारण उपमान का लोप ही कहा जायेगा।

तुम्हारी आँखों का आकाश,
सरल आँखों का नीलाकाश।
खो गया, मेरा खग अनजान,
मृगेक्षणि! इसमें खग अनजान।—पंत

यहाँ भी "मृगेक्षणि" में पूर्ववत् केवल उपमेय ही है, शेष का लोप है।

लुप्तोपमा के ये ही दस प्रधान भेद हैं।

मालोपमा

यदि एक उपमेय के अनेक उपमान हों तो मालोपमा होती है।[1]

मालोपमा का अर्थ है माला-रूप उपमा। तात्पर्य यह कि जहाँ एक उपमान के बदले उपमानों की माला हो—अनेक उपमान कहे जायँ—वहाँ मालोपमा होती है।

सिंहनी-सी काननों में, योगिनी-सी शैलों में,
शफरी-सी जल में, विहंगिनी-सी व्योम में,
जाती अभी और उन्हें खोजकर लाती मैं।—यशोधरा

यहाँ एक यशोधरा (उपमेय) की सिंहनी, योगिनी, शफरी और विहंगिनी इन अनेक उपमानों में उपमा दी गयी है और सबों का साधारण धर्म है "जाती" इसलिए समानधर्मी मालोपमा है।

हिमवंत जिमि गिरिजा महेसहिं, हरिहिं श्री सागर दई।
तिमि जनक रामहिं सिय समरपी, बिस्व-कल-कीरति नई॥

यहाँ जनक की हिमालय और सागर से, राम की शिव और विष्णु से तथा सीता की पार्वती और लक्ष्मी से समता दिखायी गयी है और साधारण धर्म एक ही है—देना, सौंपना अर्थात् ब्याहना।

पन्नग-समूह में गरुड़ सदृश
तृण में विकराल कृशानु सदृश
राणा भी रण में कूद पड़ा
घन अन्धकार में भानु सदृश।—हल्दीघाटी

यहाँ राणा-प्रताप—एक उपमेय—के लिए गरुड़, कृशानु (अग्नि) और सूर्य ये तीन उपमान कहे गये हैं और सबों का साधारण धर्म एक है—"कूद पड़ना"।

रशनोपमा

यदि उत्तरोत्तर उपमेय उपमान बनता चले तो रशनोपमा अलंकार होता है।[2]

रशना का अर्थ है करधनी—कमरकस। जिस प्रकार रशना में अनेक कड़ियों की लड़ी बनी रहती है, उसी प्रकार इस अलंकार में अनेक वस्तुएँ उपमेय-उपमान के रूप में परस्पर एक शृंखला-सी बनाती हैं, इसलिए इसे रशनोपमा

---

1. मालोपमा यदेकस्योपमानं बहु दृश्यते।—सा०द०
2. कथिता रशनोपमा यथोर्ध्वमुपमेयस्य यदि स्यादुपमानता।—सा०द०

कहते हैं। हिन्दी के प्राय: सभी अलंकार-ग्रंथों में ''रसनोपमा'' लिखा रहता है। वह नाम भी हो सकता है पर ''रशनोपमा'' ही अधिक उचित है क्योंकि 'रसना' जीभ के अर्थ में ही अधिक व्यवहृत होती है।

मति सी नति,[1] नति सी विनति, बिनती सी रति[2] चारु।
रति सी गति, गति सी भगति, तो में पवन-कुमारु॥

यहाँ ''मति सी नति'' में नति उपमेय है, वही अगली उपमा—''नति सी बिनति''—में उपमान बन गयी है। इसी प्रकार सारे पद्य में पहली उपमा का उपमेय अगली उपमा के लिए उपमान बनता गया है, अत: रशनोपमा है।

मुकुर सम बिधु, बिधु सरिस मुख, मुख समान सरोज।

यहाँ भी पूर्व उपमा का उपमेय आगामी उपमा का क्रमश: उपमान होता गया है।

अनन्वय

एक ही वस्तु को उपमेय और उपमान दोनों कहना अनन्वय अलंकार है।[3]

अन्वय कहते हैं सम्बन्ध को। इसलिए अनन्वय (न + अन्वय) का अर्थ होगा जिसका सम्बन्ध किसी से न हो। अन्वय सापेक्ष शब्द है, बिना दो के अन्वय या सम्बन्ध की कल्पना नहीं हो सकती। संबंध में सदा दो की भावना छिपी रहती हैं। किन्तु एक वस्तु का किसी दूसरी वस्तु से सम्बन्ध होता है—अपना सम्बन्ध अपने से नहीं होता। अनन्वय में उसी अन्वय या सम्बन्ध का अभाव रहता है; इसमें कोई वस्तु किसी दूसरी वस्तु के सदृश नहीं कही जाकर अपने ही सदृश कही जाती है। इसका अभिप्राय रहता है उस पदार्थ की अद्वितीयता प्रकट करना। **जैसे** कोई कहे कि ''गाँधी जी की उपमा किससे दें? वे अपने समान आप ही हैं'' तो यहाँ महात्मा गाँधी की अनुपमता सूचित होती है। ऐसे ही चमत्कार युक्त वाक्य को अनन्वयालंकार कहेंगे।

कोई गंगा का वर्णन करते हुए कहता है—

अधम उधारन में, धारन में दीनन को।
करनी सुधारन में तो सी तुही देखी मैं।

यहाँ ''तो सी तुही''—तेरे समान तू ही—कहकर गंगा को ही उपमेय और उपमान दोनों बनाया गया है, इसलिए अनन्वय है।

राम से राम, सिया सी सिया,
सिरमौर बिरंचि बिचारि सँवारे।

---

1. नम्रता।
2. प्रेम।
3. [उप]मानोपमेयत्वम् एकस्यैव त्वनन्वय:।—सा०द०

यहाँ राम और सीता को उपमेय और उपमान दोनों बनाया गया है, अतः अनन्वयालंकार है।

मारिबे जिवाइबे को उपमा लजाइबे को
तेरी अँखियाँ-सी प्यारी तेरी दोनों अँखियाँ।

यहाँ भी आँखें ही उपमेय और उपमान दोनों हैं।

उपमेयोपमा

उपमेय और उपमान को परस्पर एक-दूसरे का उपमान और उपमेय कहना उपमेयोपमालंकार है।[1]

इसमें उपमेय से उपमान की और उपमान से उपमेय की उपमा दी जाती है; औपम्यनिर्वाह के लिए कोई तीसरी वस्तु नहीं रखी जाती। जैसे, "मुख सा-चन्द्र और चन्द्र-सा मुख सुन्दर है"। यहाँ मुख और चन्द्र परस्पर उपमेय तथा उपमान बनते हैं।

कुवलय-से लोचन मंजु लोचन-से कुवलय है।

यहाँ एक बार कुवलय से लोचन की और दूसरी बार लोचन से कुवलय की उपमा देकर उन्हें परस्पर एक-दूसरे का उपमेय और उपमान बनाया गया है, अतः उपमेयोपमा अलंकार है।

तो मुख सो ससि सोहत है अरु सोहत है ससि सो मुख तेरो।

यहाँ भी मुख और चन्द्रमा की परस्पर एक-दूसरे से उपमा दी गयी है।

स्मरण

सदृश वस्तु के प्रत्यक्ष से पूर्वानुभूत वस्तु का स्मरण 'स्मरण अलंकार' है।[2]

स्मरण का अर्थ है याद करना। पहले का अनुभव मन में निहित रहता है। वही परिस्थिति विशेष में जगकर स्मरण का कारण बन जाता है। ऐसा प्रायः तब होता है जब पूर्वानुभूत वस्तु के सदृश कोई वस्तु प्रत्यक्ष होती है।

खेलते खंजन युगलें जिस पर यहाँ,
देखकर अरविन्द विकसित यह सखे!
चारु चंचल लोचनों से युक्त वह,
प्रियतमा का वदन आता याद है।

यहाँ खंजन पक्षियों से युक्त कमल के फूल को देखकर नायिका के चंचल नेत्रों वाले मुख का स्मरण वर्णित है। (कमल पर खेलने वाले) खंजनों और (नायिका के) नेत्रों में तथा कमल के फूल और नायिका के मुख में सादृश्य है, जो इस अलंकार का साधक है।

---

1. पर्यायेण द्वयोरेतदुपमेयोपमा मता।—सा०द०
2. सादृश्यानुभवाद्वस्त्वन्तरस्मृतिः स्मरणम्।—रुय्यक

कालिन्दी के पुलिन पर जा या सजीले सरों में
जो मैं फूले कमलकुल को मुग्ध हो देखती हूँ;
तो प्यारे के कलित कर की औ अनूठे पगों की
छा जाती है सरस सुषमा वारिस्त्रावी दृगों में।—प्रि०प्र०

यहाँ कमल के फूलों को देखकर (तत्समान) कृष्ण के कर और चरण की याद आती है। अतः स्मरण अलंकार है।

स्मरण के अनेक उदाहरण प्रिय प्रवास के षोडश सर्ग में वर्तमान हैं।

प्रतीप

प्रसिद्ध उपमान को उपमेय बता देना प्रतीप अलंकार है।[1]

प्रतीप का अर्थ है उलटा—विपरीत। इस अलंकार में उपमेय-उपमान का सम्बन्ध उलट दिया जाता है। उपमा अलंकार में प्रसिद्ध उपमान से उपमेय की समता दिखाते हैं। यही उपमेय-उपमान का स्वाभाविक और प्रसिद्ध सम्बन्ध है पर प्रतीप में इसके विपरीत उपमेय के ही सदृश उपमान को कहा जाता है। जैसे, साधारणतः कहते हैं कि "चन्द्र-सा मुख है" तो वहाँ उपमा होती है और यदि इसे ही उलट कर कहें कि "मुख-सा चन्द्र है" तो यह प्रतीप का उदाहरण हो जाता है। इसका तात्पर्य रहता है उपमेय का अतिशय उत्कर्ष सूचित करना। उपमेय-उपमान के सम्बन्ध-विपर्यय के कारण ही इसे प्रतीप कहते हैं।

कुछ आलंकारिकों ने प्रतीप के दो, कुछ ने तीन और कुछ ने पाँच भेद माने हैं। व्यापकता की दृष्टि से यहाँ पाँचों भेदों का उल्लेख कर दिया जाता है।

प्रथम प्रतीप

प्रसिद्ध उपमान को उपमेय बना देना—

तो पद से अनुमानि, तरुन अमल कोरे कमल।
याही ते सनमानि, अवतंसित मोहन करे॥

राधा के चरणों के समान कमलों को समझकर कृष्ण ने उन्हें कर्णाभरण बनाया। यहाँ चरण से उपमा देकर प्रसिद्ध उपमान कमल को उपमेय बनाया गया है, इसलिए प्रतीप है।

ऐसी बाल लाल हौं तिहारे लिए लाऊँ जाके,
अंग ओप सी उजेरी, आनन सो इन्दु है।

अंगदीप्ति के समान चाँदनी और मुख के समान चन्द्रमा के कथन द्वारा प्रसिद्ध उपमान की उपमेयता प्रतिपादित की गयी है।

---

1. प्रसिद्धस्योपमानस्योपमेयत्वकल्पनम्।
निष्फलत्वाभिधानं वा प्रतीपमिति कथ्यते॥—सा०द०

संध्या फूली परम प्रिय की कान्ति-सी है दिखाती,
मैं पाती हूँ रजनितन में श्याम का रंग छाया।
ऊषा आती प्रतिदिवस है प्रीति से रंजिता हो,
पाया जाता वर वदन-सा ओप आदित्य में है।—प्रि०प्र०

यहाँ भी प्रसिद्ध उपमान संध्या आदि को उपमेय कृष्ण की कान्ति आदि के समान कहने से प्रतीप है।

द्वितीय प्रतीप

प्रसिद्ध उपमान को उपमेय के सदृश कहकर वास्तविक उपमेय का अनादर करना।

अरी सुनयने! नयनों पर क्या फूली फिरती है?
इन्हीं सदृश इन्दीवर-श्रेणी प्रति सर में तिरती है।

प्रसिद्ध उपमान इन्दीवर को नायिका के नेत्रों के सदृश कहकर उसे उपमेय बनाया गया है और उसके द्वारा "इन नयनों पर फूली मत फिर" इस रूप में उपमेय का अनादर कराया गया है, अत: यहाँ प्रतीप का द्वितीय भेद है।

छिपा रही घूँघट में सुन्दरि, क्या अपना आनन तू?
आनन-सा ही चन्द्र चमकता, ऊपर फेर नयन तू।

"जिस मुख को अलौकिक शोभा सम्पन्न समझकर तू घूँघट में छिपा रही है उसी के समान यह चन्द्रमा ऊपर चमक रहा है, जरा देख भी। फिर यह नाज कैसा कि तेरा मुख अद्वितीय है।" मुख के समान चन्द्र को कहकर मुख का अनादर किया गया है।

चंपक चामीकर[1] तड़ित[2] तब तनु सरिस समर्थ।
यह जिय जानि अयान तिय, गरब गुमान निरर्थ॥

"तेरे शरीर की आभा के सदृश चंपा, सोना और बिजली है ही, फिर तू घमंड किस बात का करती है?" यहाँ भी प्रसिद्ध उपमान चंपक, सोना और बिजली को शरीर के समान कहकर उन्हें उपमेय बनाया गया है और "उनके रहते तेरा अपनी कान्ति पर इतराना व्यर्थ है"—इस प्रकार उपमेय का अनादर सूचित होता है।

तृतीय प्रतीप

प्रसिद्ध उपमेय को उपमान के सदृश कहकर प्रसिद्ध उपमान का अनादर करना।

अवनि! हिमाद्रि! समुद्र! जनि करहु वृथा अभिमान।
सान्त, धीर, गम्भीर हैं, तुम सम राम सुजान॥

---

1. सोना।
2. बिजली।

यहाँ प्रसिद्ध उपमेय राम को उपमान—अवनि, हिमाद्रि और समुद्र के सदृश बताकर इन तीनों उपमानों का अनादर किया गया है।

हालाहल! मत गर्व कर, हूँ, मैं क्रूर अपार।
क्या न अरे तेरे सदृश, खल-जन-वचन-विचार॥

यहाँ प्रसिद्ध उपमेय दुर्जन-वचन को उपमान हालाहल के सदृश बताकर उसका (उपमान हालाहल का) अनादर किया गया है।

चतुर्थ प्रतीप

उपमान को उपमेय की उपमा के अयोग्य कहना।

तुव मुख के सम ह्वै सकत कत, कहा बिचारो चंद?

यहाँ चन्द्रमा को मुख की उपमा के अयोग्य बताया गया है।

बहुरि बिचार कीन्ह मन माहीं। सीय बदन सम हिमकर नाहीं॥

यहाँ भी ''सीता के मुख के समान चन्द्रमा नहीं है''—यह कहकर उपमा के लिए उसकी अयोग्यता कही गयी है।

मन्दबुद्धि कवि ये कैसे अपनी ही बात न जानें।
आनन को विधु-सा कहते सखि! यह कैसे हम मानें?

यहाँ भी ''मुख को चंद्र-सा बताना अमान्य है''—इस कथन के द्वारा मुख की उपमा के लिए चन्द्र की अयोग्यता सूचित होती है।

पंचम प्रतीप

उपमान का कैमर्थ्य द्वारा आक्षेप या उसकी निष्फलता कहना।

कैमर्थ्य का रूप है—''उसका क्या प्रयोजन, उसकी क्या आवश्यकता''; जैसे, ''मुख के रहते चन्द्र की क्या आवश्यकता है?''

तेरा मुख शोभित यहाँ, उदित हुआ क्यों चन्द्र?

यहाँ तेरे मुख के रहते चन्द्रमा की क्या आवश्यकता है अर्थात् मुख ही चन्द्र का कार्य कर रहा है। इस प्रकार उपमान का कैमर्थ्य से आक्षेप है।

अमिय झरत चहुँ ओर ते, नयन ताप हरि लेत
राधा जू को बदन अस, चंद उदय केहि हेत॥

चन्द्रमा से अमृत बरसता है और नयनों को शीतलता मिलती है। राधा के मुख से भी अमृत बरस रहा है और नेत्र जुड़ा जाते हैं; फिर चन्द्रमा के उदित होने की क्या आवश्यकता है?

परिमलपूरित, पीत, मृदु, मंजु राधिका गात।
अब अलि चंपक फूल की, भूलि न कीजिय बात॥

सुगन्धित, पीत वर्ण, कोमल और सुन्दर जब राधा का शरीर है तो चंपक-पुष्प की चर्चा व्यर्थ है। आखिर इन्हीं के लिए न उसकी याद करते हैं, पर ये गुण तो उसके बिना भी प्राप्त हैं, फिर उसकी चर्चा की क्या आवश्यकता है?

प्रतीप के पाँच भेदों में संक्षेप में निम्नोक्त प्रधान बातें रहती हैं, जिन्हें मनोगत कर लेने से भेदों को याद करना सुगम होगा—

1. उपमान को उपमेय बनाना।
2. उपमेय का अनादर।
3. उपमान का अनादर।
4. उपमान की अयोग्यता।
5. उपमान की व्यर्थता।

रूपक

उपमेय में उपमान का निषेध रहित आरोप रूपक है।[1]

आरोप का अर्थ है एक वस्तु के साथ दूसरी वस्तु को इस प्रकार रखना कि दोनों अभिन्न मालूम हों—दोनों का अन्तर दिखाई न पड़े। जैसे, ''मुख चन्द्र हो''—यहाँ मुख में चन्द्र का आरोप है, मुख और चन्द्र के भेद को मिटाकर दोनों का अभिन्न रूप में वर्णन किया गया है अर्थात् दोनों को सर्वथा एक कर दिया गया है। कहनेवाले का तात्पर्य यह है कि मुख और चन्द्र एक ही हैं। आरोप को अभेद और तादात्म्य भी कहते हैं।

लक्षण में ''निषेधरहित'' इसलिये कहा गया है कि अपह्नुति अलंकार में भी उपमेय में उपमान का आरोप ही रहता है पर वह निषेधसहित रहता है और रूपक में निषेधरहित।

उपमा में उपमेय-उपमान के बीच सादृश्य की भावना रहती है और रूपक में तादात्म्य अथवा अभेद की। इसीलिए एक आलंकारिक ने कहा है कि ''उपमेव तिरोभूतभेदा रूपकमुच्यते'' अर्थात् भेद मिटा देने पर उपमा ही रूपक कहलाने लगती है।

उपमा के ही समान रूपक भी बड़ा व्यापक अलंकार है।

रूपक के तीन प्रमुख भेद हैं—

1. निरंग
2. सांग
3. परम्परित।

---

1. प्रस्तुतेऽप्रस्तुतारोपो रूपकं निरपह्नवे।

कुछ लोग इन तीनों को अभेद रूपक नाम से एक श्रेणी में रखकर ताद्रूप्य रूपक नाम के एक दूसरे भेद की कल्पना करते हैं। इस प्रकार उनके कथनानुसार रूपक के पहले दो भेद हुए—(1) अभेद और (2) ताद्रूप्य; फिर अभेद के पूर्वोक्त तीन भेद।

निरंग रूपक

जहाँ अंगों के बिना उपमान का उपमेय में आरोप हो, वहाँ निरंग रूपक होता है।[1]

वस्तुत: एक उपमेय में उपमान का आरोप निरंग रूपक कहलाता है। रूपक के भेदों में सर्वाधिक इसी का प्रचार है। ''मुख-चंद्र'', ''चरण-कमल'' आदि इसी के उदाहरण हैं। इसके दो भेद हैं—केवल या शुद्ध और मालारूप।

केवल या शुद्ध—एक उपमेय में एक उपमान का आरोप—

श्री गुरु पद नख मनि गन जोती।
सुमिरत दिव्यदृष्टि हिय होती॥

यहाँ उपमेय (गुरुचरण के नखों) में उपमान (मणिगण) का आरोप है, अत: रूपक है।

प्रिय पति! वह मेरा प्राण प्यारा कहाँ है?
दुख-जलनिधि डूबी का सहारा कहाँ है?—प्रि०प्र०

यहाँ दु:ख में जलनिधि (समुद्र) का आरोप होने से निरंग रूपक अलंकार है।

मालारूप— यदि एक उपमेय में अनेक उपमानों का आरोप हो तो मालारूप निरंग रूपक होता है।

ओ अकूल की उज्ज्वल हास।
अरी अतल की पुलकित श्वास।
महानन्द की मधुर उमंग।
चिर शाश्वत की अस्थिर लास।—पंत

यहाँ एक ''बीचिविलास'' में हास, श्वास, उमंग, लास आदि अनेक उपमानों का आरोप है, अत: मालारूप निरंग रूपक है।

मालारूप निरंग का सबसे बड़ा उदाहरण पंतजी की ''नक्षत्र'' नामक कविता है। सम्भव-असम्भव सभी प्रकार के आरोप इस कविता में वर्त्तमान हैं।

छेम की छहर, गंग रावरी लहर,
कलिकाल को कहर, जमजाल को जहर है।—पदमाकर

---

1. निरंग केवलस्यैव रूपणम्।—सा०द०

यहाँ एक गंगा की लहर में अनेक उपमानों का आरोप है। यह पूरा कवित्त भी मालारूप निरंग का उदाहरण है।

सांग (सावयव) रूपक

अंगों सहित उपमान का उपमेय में आरोप सांग रूपक है।[1]

सांग रूपक में जिस एक आरोप की प्रधानता रहती है, उसे अंगी कहते हैं और शेष गौण रूप से उसके अंग होकर आते हैं। जिस प्रकार किसी अंगी (प्रधान) के साथ उसके अंग भी देखे जाते हैं उसी प्रकार सांग रूपक में एक प्रधान आरोप के आधार पर कुछ और आरोप होते हैं, जो उसके अंग से दीखते हैं। जैसे, "आकाश-सरोवर में सूर्य-हंस तारक-मौक्तिकों को चुग रहा है"। यहाँ आकाश अंगी है—प्रधान है क्योंकि उसी में सूर्य और तारक रहते हैं, इसलिए वे अंग हुए। उसी प्रकार सरोवर में हंस और मौक्तिक का निवास है, इसलिये सरोवर अंगी और हंस तथा मौक्तिक अंग कहे जाएँगे। यहाँ आकाश में केवल सरोवर का आरोप नहीं है, अपितु आकाश भी अपने अंगों (सूर्य और तारक) के साथ है और उपमान सरोवर भी अपने अंगों (हंस और मौक्तिक) के साथ है और दोनों का परस्पर आरोप हुआ है—

उपमेय	**उपमान**
1. आकाश	1. सरोवर
2. सूर्य	2. हंस
3. तारक	3. मौक्तिक

इसलिए इसे सांग रूपक कहेंगे।

सांग रूपक के दो भेद हैं—(1) समस्तवस्तु विषय और (2) एकदेशविवर्त्ती।

समस्तवस्तु विषय सांग रूपक उसे कहते हैं जहाँ सभी आरोप शब्दों द्वारा कहे गये हों।

रनित भृंग-घंटावली; झरत दान मधुनीर।
मंद-मंद आवतु चल्यो, कुंजर कुंज-समीर।

यहाँ घंटावली और मदजल (अंगों) से युक्त हाथी (अंगी) उपमान है (हाथी को ही घंटे और मदजल होते हैं, अतः वह अंगी और ये अंग) और उसका भृंग और मकरंद (अंगों) से युक्त कुंज-समीर (अंगी) उपमेय में आरोप है। अतः अंगों सहित उपमेय में अंगों सहित उपमान का आरोप होने से समस्तवस्तु विषय सांग रूपक है।

---

1. अंगिनो यदि सांगस्य रूपणं सांगमेव तत्।—सा०द०

नारि कुमुदिनी, अवध सर, रघुवर बिरह दिनेस।

अस्त भये प्रमुदित भई, निरखि राम राकेस॥

यहाँ वनवास की अवधि बीतने पर राम को देख अयोध्या की नारियों का प्रसन्न होना सांग रूपक की सहायता से वर्णित है।

उपमेय	उपमान
अवध	सर
नारी	कुमुदिनी
(रघुवर) विरह	दिनेश (सूर्य)
राम	राकेश (चन्द्रमा)

सरोवर की कुमुदिनियाँ सूर्य से मुरझायी रहती हैं पर उसके अस्त हो जाने पर चन्द्रमा को देखकर प्रमुदित हो जाती हैं। इधर अयोध्या की नारियाँ राम के वनवासजन्य विरह से उदास थीं, जिसका अन्त हो जाने पर राम को देख अत्यन्त आनन्दित हो गयी हैं। यहाँ भी अंगों सहित उपमेय और उपमान का अभेद-प्रतिपादन होने से सांग रूपक है।

बीती विभावरी जाग री।

अम्बर-पनघट में डुबो रही तारा-घट ऊषा-नागरी।—प्रसाद

यहाँ भी ऊषा में नागरी का आरोप, अम्बर में पनघट और तारा में घट (अंगों) के आरोप के साथ है, अतः समस्तवस्तु विषय सांग रूपक है।

एकदेशविवर्त्ती सांग रूपक

जहाँ समस्त वस्तु विषय में ही किसी एक आरोप का शब्दतः कथन न हो पर उसका आक्षेप हो जाय।

शिशुता की निशा सिरानी, उग आया यौवन-दिनकर।

छवि-विलसित तन-सरवर में दो सरसिज लसे मनोहर॥

—नूरजहाँ

यहाँ शिशुता में निशा, यौवन में दिनकर, तन में सरोवर का शब्द आरोप है पर सरसिज के साथ उसके उपमेय स्तन का शब्दतः कथन नहीं है फिर भी उसका सहज ही आक्षेप हो जाता है। यदि यहाँ सरसिज के साथ स्तन का भी शाब्द आरोप रहता तो यही उदाहरण ''समस्तवस्तु-विषय का उदाहरण हो जाता।

प्रभात यौवन है वक्ष-सर में

कमल भी विकसित हुआ है कैसा।

—नूरजहाँ

यहाँ भी यौवन में प्रभात का, वक्ष में सरोवर का शाब्द आरोप है पर कमल से केवल उपमान का कथन है, स्तन उपमेय का आरोप आर्थ है।

परम्परित रूपक

जहाँ एक आरोप दूसरे आरोप का कारण हो वहाँ परम्परित रूपक होता है।[1]

परम्परा का अर्थ है शृंखला। इसमें कई आरोप एक शृंखला के रूप में होते हैं। एक आरोप के ऊपर दूसरा आरोप टिका रहता है। यदि एक आरोप को हटा दें, तो दूसरा एकदम निरर्थक हो जायेगा—वह व्यर्थ का शब्दाडम्बरमात्र दीखेगा। परम्परित में उपमेय में उपमान का आरोप स्वत: या स्वाभाविक साम्य के आधार पर नहीं रहता—उसकी साम्य-भावना बहुत दूरारूढ़ और पारस्परिकतानुबंधी होती है। ''मुखचन्द्र'' में ''आह्लादकत्व'' और ''प्रकाशकत्व'' रूप धर्म उभयनिष्ठ हैं, इसलिए मुख और चन्द्र का अभिन्नतया वर्णन करना असंगत या अस्वाभाविक नहीं मालूम पड़ता। मुख का अतिशय सौन्दर्य व्यक्त करने के लिए सारोपा लक्षणा की सहायता से चन्द्र के साथ जब उसका अभेद-प्रतिपादन किया जाता है, तो वहाँ मुख और चन्द्र में परस्पर स्वत: भी सादृश्य है पर यदि कोई किसी राजा की प्रशंसा में कहे कि ''राजन्! खल-वन के लिए आप दावाग्नि हैं'' तो यहाँ खल और वन में तथा राजा और दावाग्नि में कोई भी व्यक्त साम्य नहीं है पर चूँकि खल में वन का आरोप किया गया है, इसलिए राजा में दावाग्नि का आरोप हुआ है और वक्ता के कहने का तात्पर्य यह है कि जिस प्रकार दावाग्नि बिना किसी प्रयास के अविलम्ब वन को समूल नष्ट कर डालती है, उसी प्रकार तुम भी अनायास और शीघ्र ही खलों को उन्मूलित कर देते हो। इस प्रकार खल और वन तथा राजा और दावाग्नि में परस्पर साम्य कहाँ है? पर दोनों को परस्पर मिलाकर देखने से उनकी सादृश्य-भावना निकलती है। इसीलिए ऊपर कहा गया है कि परम्परित की सादृश्य भावना स्वत: सिद्ध न होकर दूरारूढ़ और पारस्परिकतानुबन्धी होती है—दोनों आरोप (बिना दो के परम्परित हुए होगा ही नहीं) आपस में मिलकर एक दूसरे को सार्थक बनाते हैं—अलग-अलग स्वतन्त्र रूप में वे निरर्थक से लगते हैं।

परम्परित रूपक के दो भेद हैं—

1. केवलरूप—जहाँ एक आरोप दूसरे आरोप का कारण हो।

2. मालारूप—जहाँ ऐसे आरोपों की शृंखला-सी बन जाय अर्थात् जहाँ दो से अधिक आरोप रहें।

---

1. यत् कस्यचिदारोप: परारोपणकारणम्।
   तत् परम्पारितम्।—सा०द०

केवलरूप

रामनाम सुन्दर करतारी। संसय बिहग उड़ावन हारी।

यहाँ संशय में बिहग का आरोप रामनाम में करतारी (ताली) के आरोप का कारण है। संशय को बिहग (पक्षी) मान लेने से रामनाम को ताली कहना उपयुक्त होगा और उसके अर्थ का स्वारस्य यह होगा कि जैसे हाथ की ताली सुनते ही पक्षी उड़ जाते हैं वैसे ही रामनाम के उच्चारण मात्र से मन के सारे सन्देह दूर हो जाते हैं। तो, यहाँ रामनाम और करताली या संशय और बिहग में स्वतः कोई साम्य नहीं है पर एक आरोप के द्वारा दूसरा आरोप भी सार्थक बन जाता है।

दो आँसू-तारक चख-नभ से अकस्मात् ही टूट पड़े।

टपक पड़े कुमार-दृग से भी अश्रु-बिन्दु दो बड़े-बड़े॥

—नूरजहाँ

यहाँ आँसू को तारक मानने में नेत्र को नभ मानना आरोप की सार्थकता के लिए आवश्यक है।

मालारूप

महा मोह घटपटल प्रभंजन। संसय बिपिन अनल सुररंजन।

यहाँ मोह (अज्ञान) में घनपटल (मेघ-समूह) का आरोप राम में प्रभंजन (आँधी) के आरोप का कारण है। वैसे ही उत्तरार्द्ध के संशय में विपिन का आरोप राम में अनल (अग्नि) के आरोप का कारण है। एक ही राम में प्रभंजन तथा अनल का आरोप होने से मालारूप परम्परित है।

रामकथा कलि पन्नग भरनी। पुनि बिबेक पावक कहँ अरनी॥

यहाँ कलियुग को पन्नग (सर्प) कहना राम-कथा को भरनी (सर्पमन्त्र) कहने का कारण है (जिस प्रकार मन्त्र से सर्प का विष दूर होता है वैसे ही राम नाम से कलिकाल का दुष्प्रभाव दूर होता है)। फिर विवेक में अग्नि का आरोप रामकथा में अरणी (आग उत्पन्न करने के लिए प्रयुक्त काष्ठविशेष) के आरोप का कारण है (जिस प्रकार अरणी द्वारा अग्नि को उत्पन्न करते हैं उसी प्रकार रामकथा से विवेक की उत्पत्ति होती है)। तो, राम-कथा को अरणी या भरनी कहना तब तक उपपन्न नहीं होता, जब तक विवेक को पावक अथवा कलि को पन्नग न कह लें। इसीलिए परम्परित के लक्षण में कहा गया है कि एक आरोप दूसरे आरोप का कारण होता है।

उल्लेख

ज्ञातृ-भेद या विषय-भेद से एक वस्तु का अनेक प्रकार से वर्णन उल्लेख अलंकार है।[1]

---

1. क्वचिद् भेदाद् ग्रहीतृणां विषयाणां तथा क्वचित्।

उल्लेख का शाब्दिक अर्थ है लिखना पर यहाँ वर्णन से तात्पर्य है। इस अलंकार में एक वस्तु का अनेक प्रकार से वर्णन किया जाता है। ऐसा दो तरह से हो सकता है—

(1) ज्ञातृ-भेद से— जहाँ अनेक व्यक्ति एक वस्तु का, अपनी-अपनी भावना के अनुसार, अनेक प्रकार से वर्णन करते हैं।

(2) विषय-भेद से— जहाँ एक व्यक्ति एक वस्तु का, भिन्न-भिन्न गुणों के कारण, अनेक प्रकार से वर्णन करता है।

1. ज्ञातृ-भेद द्वारा उल्लेख

अर्थिन को सुर-तरु दिसत, बैरिन को यमराज।
युवतिन दीसै पुहुपसर, साहितनै सिवराज॥

यहाँ एक शिवाजी को याचक कल्पवृक्ष, शत्रु यमराज और युवतियाँ कामदेव समझती हैं। अतः एक वस्तु (शिवाजी) का अनेक से वर्णन होने से उल्लेख अलंकार है। इसमें ज्ञातृ-भेद है—शिवाजी में अनेक व्यक्ति भिन्न-भिन्न प्रकार की भावना रखते हैं।

जानति सौति अनीति है, जानति सखी सुनीति।
गुरुजन जानत लाज हैं, प्रीतम जानत प्रीति॥

प्रस्तुत नायिका को सौतें अनीति, सखियाँ सुनीति, गुरुजन लज्जा और प्रियतम प्रेम-रूप जानते हैं। अपनी-अपनी भावना के अनुसार एक ही वस्तु (नायिका) को भिन्न-भिन्न व्यक्ति विभिन्न रूपों में देखते हैं।

ऊपर के दोनों उदाहरण शुद्ध उल्लेख के हैं। यह अलंकारान्तर-मिश्रित भी होता है, जैसे धनुष-यज्ञ के समय श्रीराम का वर्णन—

जिन्ह के रही भावना जैसी। प्रभु मूरति देखी तिन्ह तैसी॥
देखहिं भूप महा रनधीरा। मनहुँ बीर रस धरे सरीरा॥
बिदुसन्ह प्रभु बिराटमय दीसा। बहु मुख कर पग लोचन सीसा॥
जनक जाति अवलोकहिं कैसे। सजन सगे प्रिय लागहिं जैसे॥
सहित बिदेह बिलोकहिं रानी। सिसु सम प्रीति न जाइ बखानी॥
जोगिन्ह परम तत्वमय भासा। सांत सुद्ध सम सहज प्रकासा॥
हरिभगतन देखे दोउ भ्राता। इष्टदेव इव सब सुख दाता॥

यहाँ एक राम को भिन्न-भिन्न लोग अपनी-अपनी भावना के अनुसार विभिन्न रूपों में देखते हैं। इस उदाहरण में उल्लेख के साथ उत्प्रेक्षा और उपमा का भी मिश्रण है।

2. विषय-भेद द्वारा उल्लेख

वे छाया थीं सुजन शिर की, शासिका थीं खलों की,
कंगालों की परम निधि थीं, औषधी पीड़ितों की।
दीनों की थीं भगिनि, जननी थीं अनाथाश्रितों की,
आराध्या थीं ब्रज-अवनि की, प्रेमिका विश्व की थीं।

—प्रि०प्र०

यहाँ राधा का यशोदा द्वारा विषय-भेद के कारण अनेक प्रकार से वर्णन है। यहाँ राधा के अनेक गुण अनेक प्रकार से वर्णन के निमित्त हैं।

मेरे नगपति! मेरे विशाल।
साकार, दिव्य, गौरव विराट।
पौरुष के पुंजीभूत ज्वाल।
मेरी जननी के हिम-किरीट।
मेरे भारत के दिव्य भाल।

—दिनकर

यहाँ एक नगपति (हिमालय) का गौरव, पौरुष-ज्वाल, हिम-किरीट और दिव्य भाल इस अनेक रूपों में वर्णन है, अतः विषय-भेद द्वारा उल्लेख अलंकार है।

इसी प्रकार ''नई दिल्ली'' शीर्षक कविता के निम्नलिखित छन्द में भी उल्लेख अलंकार है—

वैभव की दीवानी दिल्ली।
कृषक-मेघ की रानी दिल्ली।
अनाचार, अपमान व्यंग्य की
चुभती हुई कहानी दिल्ली।

—दिनकर

दिल्ली का वैभव की दीवानी, कृषक-मेघ की रानी और अनाचार की कहानी कहने से विषय-भेद द्वारा उल्लेख है।

भ्रान्तिमान्

सादृश्य के कारण एक वस्तु को दूसरी वस्तु मान लेना भ्रान्तिमान् है।[1]

भ्रान्ति कहते हैं धोखे को, इसलिए भ्रान्तिमान् का अर्थ है धोखे से युक्त (ज्ञान)।

सूर उदित हू तिय बदन, जानि चंद मति भोर।
चितै रहत चहुँ ओर तें, निहचल चखनि चकोर॥

---

1. सादृश्याद् वस्त्वन्तरप्रतीतिः भ्रान्तिमान्।—रुय्यक।

यहाँ मुख को चन्द्रमा समझकर उसकी ओर चकोर के टकटकी लगाने में भ्रान्तिमान् है।

पाँय महावर देन को, नाइन बैठी आय।
फिर-फिर जानि महावरी, ऐसी मीड़ति जाय॥

यहाँ नाइन को नायिका की ऐड़ी में (अतिशय लाली के कारण) महावर की गोली का भ्रम हो जाता है, अतः महावर लगाने के लिए उसकी गोली को जल में न मलकर बार-बार ऐड़ी को ही मल रही है।

फिरत घरन नूतन पथिक, चले चकित चित भागि।
फूल्यो देखि पलास बन, समुहें समुझि दवागि॥

यहाँ वसन्त ऋतु में विदेश-गमन करनेवाले नये पथिक पुष्पित पलाशवन को देखकर (पलाश के फूल बहुत लाल होते हैं) उसे दावाग्नि समझ डर से फिर घर लौट आते हैं। नूतन का स्वारस्य यह है कि उन्हें बाहरी दुनिया का अनुभव नहीं है, तभी तो पलाशवन को दावाग्नि मान लेते हैं। दो-चार बार बाहर आये-गये पथिकों को ऐसे पलाश-वन कई बार देखने को मिल चुके होंगे, इसलिए उन्हें ऐसी भ्रान्ति सम्भवतः न हो।

नाक का मोती अधर की कान्ति से,
बीज दाड़िम का समझकर भ्रान्ति से।
देखकर सहसा हुआ शुक मौन है,
सोचता है अन्य शुक यह कौन है?

—साकेत

यहाँ घर के पाले हुए शुक को उर्मिला की नाक और मोती में अनार का दाना पकड़े हुए शुक का भ्रम हो रहा है।

सन्देह

उपमेय में उपमान का संशय सन्देह अलंकार है।[1]

सन्देह सादृश्यमूलक ही होता है। चींटी में हाथी का या रेलगाड़ी में आदमी का सन्देह नहीं होता क्योंकि इनमें परस्पर कोई सादृश्य नहीं है। चमत्कारमूलक संशय ही अलंकार हो सकता है। "यह रस्सी है या सर्प" "वह गाय है या बैल" ऐसे वाक्यों में चमत्कार का अभाव रहने से इन्हें सन्देहालंकार की श्रेणी में नहीं रख सकते।

विरह है अथवा यह वरदान।—पंत

यहाँ विरह और वरदान से निश्चय नहीं हो पाता, अन्त तक सन्देह की ही स्थिति रहती है, अतः यह शुद्ध सन्देह अलंकार है।

---

1. सन्देहः प्रकृतेऽन्यस्य संशयः प्रतिभोत्थितः।—सा०द०

इन दूबों के टुनगों पर
किसने मोती बिखराये?
या तारे नील गगन के
स्वच्छन्द विचरने आये?
या बँधी हुई हैं अरि की
जिसके कर में हथकड़ियाँ
उस पराधीन जननी की
बिखरी आँसू की लड़ियाँ।

—हल्दीघाटी

यहाँ प्रस्तुत ओस-कण में मोती, तारे और आँसू का सन्देह होने से सन्देह अलंकार है।

चंदकला, कै चंचला, कै चंपे की माल।
कै चामीकर की छरी, सुछवि भरी कै बाल॥

यहाँ बाल (नायिका) में चन्द्रकला, बिजली, चंपा की माला और सोने की छड़ी का सन्देह है।

अपह्नुति

उपमेय का निषेध कर उपमान की स्थापना अपह्नुति अलंकार है।[1]

अपह्नुति या अपह्नव का अर्थ है छिपाना। इस अलंकार में न, नहीं आदि निषेधवाचक शब्दों की सहायता से उपमेय का प्रतिषेध कर उसमें उपमान का आरोप करते हैं, जैसे "यह मुख नहीं, चंद्र है।" यहाँ "नहीं" शब्द से मुख (उपमेय) का निषेध कर उसमें चन्द्र (उपमान) का आरोप किया गया है। उपमेयोपमानत्व-सम्बन्ध के अभाव में भी अपह्नुति देखी जाती है।

शुद्धापह्नुति

नहिं पलास के पुहप ये, हैं ये जरत अंगार।

यहाँ प्रकृत पलाश-पुष्प का "नहिं" शब्द से निषेध कर उसमें अंगार का आरोप किया गया है।

कर अजब आसमान की रंगत
ये सितारे न रंग लाते हैं।
अनगिनत हाथ-पाँव बाले के
नख जगा जोत जगमगाते हैं।

—हरिऔध

यहाँ तारों का निषेध कर उनमें नख-ज्योति का आरोप है।

---

1. प्रकृतं प्रतिषिध्यान्यस्थापनं स्यादपह्नुतिः।—सा०द०

यहाँ निषेधवाचक शब्द का साक्षात् प्रयोग रहने से इसे शाब्दी अपह्नुति भी कहते हैं।

कैतवापह्नुति

जब निषेध के लिए छल, मिस, छद्म, बहाना, कैतव इत्यादि शब्दों का प्रयोग किया जाता है तो कैतवापह्नुति कहते हैं।

रसना मिस विधि ने धरी, साँपिन खल मुख माँहि।

यहाँ "मिस" शब्द का प्रयोग कर अपह्नव किया गया है। रसना उपमेय का यहाँ "मिस" से प्रतिषेध कर उसमें साँपिन उपमान का आरोप है—यह रसना नहीं, साँपिन है।

सावन की अंधी रजनी
वारिद-मिस रोती आयी।—हल्दीघाटी

जल-वर्षा का निषेध कर उसमें अश्रु-वर्षा का आरोप है। "मिस" शब्द का प्रयोग होने से कैतवापह्नुति है।

आँसू के मिस हिम के कण ढुलते।

—महादेवी वर्मा

यहाँ "मिस" शब्द की सहायता से कैतवापह्नुति है।

छेकापह्नुति

गोपनीय अर्थ को पहले किसी प्रकार प्रकट कर, फिर श्लेष या अन्य प्रकार से उसे छिपा देना छेकापह्नुति है।[1]

श्लेष द्वारा गोपन

बरजत हूँ बहु बार हरि, दियो चीर यह चीर।
का मनमोहन को कहै, नहिं बानर बेपीर॥

यहाँ "हरि" शब्द में श्लेष है। उसके अर्थ को परिवर्तित कर कृष्ण द्वारा वस्तु फाड़े जाने को बन्दर द्वारा फाड़ा जाना कहा गया है।

अश्लेष द्वारा गोपन

अठयें सतयें मो घर आवै।
भाँति-भाँति की बात सुनावै।
सजनि रजनि में मन बहलावै।
मनमोहन जग में कहलावै।
ताही को मोंहि अति एतबार।
क्यों सखि साजन, नहिं अखबार॥

---

1. गोपनीयं कमप्यर्थं द्योतयित्वा कथंचन।
श्लेषेणान्यथा वाक्यात्कथयेत् साप्यपह्नुतिः॥—सा०द०

यहाँ पहले साजन का अर्थ प्रकट कर पीछे अखबार के द्वारा खुले हुए रहस्य का गोपन कर दिया गया है।

हेत्वपह्नुति

हेत्वपह्नुति में अपह्नव के साथ उसका हेतु (कारण) भी निर्दिष्ट रहता है। जैसे—

रात माँझ रवि होत नहिं, ससि नहिं तीव्र सु लाग।
उठी लखन अवलोकिए, बारिधि की बड़बाग॥

यहाँ शशि का निषेध कर उसमें बड़वाग्नि का आरोप है। पर इस आरोप के लिए कारण भी दिया गया है—रात को सूर्य नहीं होता और चन्द्रमा तापकारक नहीं होता; इसलिए यह और कुछ नहीं, बड़वाग्नि है।

पर्यस्तापह्नुति

किसी वस्तु के गुणों का निषेध कर अन्य वस्तु में आरोप करना पर्यस्तापह्नुति है।

पर्यस्तापह्नुति—पर्यस्त का अर्थ है विपर्यस्त (उलटा)। जैसे—

है न सुधा यह, है सुधा संगति साधु-समाज।

यहाँ सुधा के "सुधात्व" का खंडन कर साधु-संगति में उसका आरोप किया गया है।

भ्रान्तापह्नुति

किसी वस्तु में दूसरी वस्तु का भ्रम होने पर वास्तविकता बताकर यदि भ्रम को दूर किया जाए तो भ्रान्तापह्नुति होती है।

बेसर मोती दुति झलक, परी अधर पर आय।
चूनो होय न चतुर तिय, क्यों पट पोंछी जाय।

यहाँ नायिका को बेसर के मोती की चमक में, जो ओठ पर पड़ रही है, पान के चूने का भ्रम हो रहा है। वस्तुस्थिति कहकर नायिका की सखी उस भ्रम को दूर करती है।

उत्प्रेक्षा

उपमेय में उपमान की सम्भावना उत्प्रेक्षा अलंकार है।

उत्प्रेक्षा का अर्थ है उत्कट रूप से प्रकृष्ट (उपमान) को देखना।[1]

यहाँ देखने का तात्पर्य है सम्भावना करना। सम्भावना ज्ञान की वह कोटि है जिसकी स्थिति सन्देह से आगे और निश्चय से पीछे रहती है। जैसे, "क्या वह आयेगा" इस प्रश्न के ये उत्तर हो सकते हैं—

---

1. भवेत् सम्भावनोत्प्रेक्षा प्रकृतस्य परात्मना।—सा०द०

1. वह आयेगा
2. वह नहीं आयेगा। —निश्चय
3. वह आ भी सकता है, नहीं भी आ सकता है। —सन्देह
4. उसके आने की सम्भावना है। —सम्भावना

यह अन्तिम उत्तर निश्चयात्मक नहीं, पर सन्देह की द्विविधा भी इसमें नहीं है; यह निश्चय की ओर अधिक झुकता हुआ, उससे थोड़ा कम है। ''उसके आने की सम्भावना है'' का भाव ''वह आयेगा'' के बहुत समीप पड़ता है। सम्भावना से जरा आगे बढ़ने पर ही निश्चय की कोटि आ जाती है। एक दूसरा उदाहरण देखिए—

मुख चन्द्र है	निश्चय	रूपक	अलंकार
मुख है या चन्द्र है	सन्देह	सन्देह	"
मुख संभवत: (मानो) चन्द्र है	सम्भावना	उत्प्रेक्षा	"

इसीलिए कहा गया है कि सम्भावना में ज्ञान की कोटि निश्चित नहीं होकर उत्कट[1]—प्रबल—निश्चय की ओर अधिक झुकी हुई रहती है। इस प्रकार उपमेय में उपमान की सम्भावना करने पर उत्प्रेक्षा अलंकार होता है।

उत्प्रेक्षा में तीन भेद हैं—(1) वस्तूत्प्रेक्षा (इसे स्वरूपोत्प्रेक्षा भी कहते हैं), (2) हेतूत्प्रेक्षा और (3) फलोत्प्रेक्षा।

वस्तूत्प्रेक्षा

एक वस्तु में दूसरी वस्तु की सम्भावना वस्तूत्प्रेक्षा है।

वस्तु से यहाँ उपमेय-उपमान का ग्रहण है। जैसा पहले कहा जा चुका है, वस्तूत्प्रेक्षा में ही उपमेय में उपमान की सम्भावना की जाती है।

छिप्यो छबीली मुँह लसै, नीले अंचल चीर।
मनो कलानिधि झलमलै, कालिन्दी के नीर॥

यहाँ नीले घूँघट के भीतर से अपनी कान्ति बिखेरते हुए मुख में कालिन्दी के जल में झलमलाते हुए चन्द्रमा की उत्प्रेक्षा की गयी है। मुँह (वस्तु) में चंद्र (वस्तु) की उत्प्रेक्षा होने से वस्तूत्प्रेक्षा है।

नील परिधान बीच सुकुमार
खुल रहा मृदुल अधखुला अंग;
खिला हो ज्यों बिजली का फूल
मेघवन बीच गुलाबी रंग। —कामायनी

---

1. उत्कटा प्रकृष्टस्योपमानस्य ईक्षा ज्ञानम् उत्प्रेक्षापदार्थ:।

—काव्यप्रकाश बालबोधिनी

प्रस्तुत (नील परिधान से आवृत सुन्दर अंग) में अप्रस्तुत (मेघ के भीतर चमकनेवाली बिजली) की उत्प्रेक्षा है। "ज्यों" वाचक शब्द है।

जान पड़ता नेत्र देख बड़े-बड़े
हीरकों में गोल नीलम हैं जड़े। —साकेत

यहाँ प्रस्तुत (नेत्रों) में अप्रस्तुत (हीरों में जड़े नीलम) की संभावना की गयी है। "जान पड़ता" उत्प्रेक्षा का वाचक शब्द है।

हेतूत्प्रेक्षा

जो हेतु नहीं है उसे हेतु मानकर उत्प्रेक्षा करना।

इसमें वस्तुतः जो कारण नहीं रहता है उसे कारण के रूप में कहा जाता है। जैसे "चंद्रमा मानो रात्रि के वियोग से पीला पड़ गया है।" यहाँ चन्द्रमा का पीला पड़ना स्वाभाविक है पर रात्रि का वियोग उस पीलेपन के कारण के रूप में उत्प्रेक्षित है। रात्रि का वियोग चन्द्रमा के पीलेपन का वास्तविक कारण है नहीं, फिर भी "मानो वियोग से ही पीला पड़ा है" इस प्रकार कहकर उसे पीलेपन का कारण बताया गया है।

लसै मुरासा तिय स्रवन, यों मुकतन द्युति पाय।
मानो परस कपोल के, रहे सेवकन छाय॥

नायिका के कानों में मोतियों से जड़ी तरकी शोभ रही है। उस पर कवि उत्प्रेक्षा करता है कि मानो कपोलों के स्पर्श से उसमें पसीने की बूँदें निकल आयी हैं (संचारी भाव के रूप में पसीने का निकलना प्रसिद्ध है) यहाँ स्वेदकणों का उत्प्रेक्षा में कपोल का स्पर्श कारण कहा गया है। ऐसे स्पर्श से पसीने का निकलना सम्भव है, अतः सिद्धास्पदा हेतूत्प्रेक्षा है।

मनो कठिन आँगन चली ताते राते पाय।

नायिका के पैर तो स्वभावतः लाल हैं पर यहाँ आँगन की कठोरता के कारण उनका लाल होना कहा गया है, जो वस्तुतः कारण है नहीं। कठोर वस्तु पर चलने से पैर लाल हो सकते हैं, इसलिए सिद्धास्पदा है।

फलोत्प्रेक्षा

जो फल नहीं हो उसमें फल की सम्भावना करना।

जैसे हेतूत्प्रेक्षा में अहेतु की उत्प्रेक्षा की जाती है वैसे ही फलोत्प्रेक्षा में अफल में फल की उत्प्रेक्षा होती है। कोई किसी सुन्दरी से कहे कि "तुम्हारे मुख की समता पाने के लिए मानो कमल जल में तपस्या कर रहा है" तो यहाँ मुख के समताप्राप्तिरूप फल की इच्छा से कमल का जल में तपस्या करना असंगत है। फिर भी, उसे फल के रूप में कहा गया है। इसे ही अफल में फल की उत्प्रेक्षा कहते हैं।

मानहुँ बिधि तनु अच्छ छवि, स्वच्छ राखिबे काज।
दृग-पग पोंछन को कियो, भूषण पायंदाज॥

नायिका के शरीर की सुन्दर कान्ति को स्वच्छ रखने की दृष्टि से आँखों को अपने पैर पोंछने के लिए भूषण का पायंदाज बनाना असिद्ध है। स्त्रियाँ स्वाभाविक भाव से आभूषण धारण करती हैं, न कि किसी देखनेवाले की आँखों की मैल पोंछने के लिए।

नाना सरोवर खिले नव पंकजों को
ले अंक में बिहँसते मन मोहते थे।
मानो पसार अपने शतशः करों को
वे माँगते शरद से सुविभूतियाँ थे।—प्रि०प्र०

सरोवर के खिले कमलों में हाथ पसारकर शरद से विभूतियाँ माँगने की उत्प्रेक्षा की गयी है। यहाँ विभूतियाँ माँगना फल है। उसके लिये सरोवरों का हाथ फैलाना असिद्ध है।

अतिशयोक्ति

उपमेय को छिपाकर उपमान के साथ उसकी अभेदप्रतीति कराना अतिशयोक्ति है।[1]

अतिशयोक्ति का अर्थ है—अतिशय (बढ़ी-चढ़ी) + उक्ति (कथन)।

उपमेय का सर्वथा छिपाकर उपमान से उसका अभेद दिखाना—उपमान से उसकी अभिन्नता प्रदर्शित करना अतिशयोक्ति का विषय है।

अतिशयोक्ति के कई भेद माने गये हैं—(1) दो भिन्न वस्तुओं में अभिन्नता दिखाना; (2) अभिन्न वस्तुओं में भिन्नता दिखाना; (3) सम्बन्ध रहने पर सम्बन्ध का अभाव बताना; (4) सम्बन्ध के अभाव में सम्बन्ध का निर्देश; (5) कहीं कार्य-कारण का सम्बन्ध-विपर्यय। कार्य-कारण का स्वाभाविक सम्बन्ध यह है कि कारण पहले और कार्य उसके बाद होता है, जैसे पिता के बाद पुत्र की उत्पत्ति। पर यदि कार्य-कारण के सम्बन्ध को उलटना चाहें तो वह दो प्रकार से संभव है—(क) कारण और कार्य साथ ही हों अथवा (ख) कार्य ही पहले हो जाय और कारण उसके बाद हो। इस प्रकार अतिशयोक्ति के छह भेद होते हैं। रीतिकालीन आलंकारिकों ने इनके लिए छह नाम दे दिये हैं। उन्हें नीचे दिया जाता है—

(1) भेद अभेद—रूपकातिशयोक्ति।

(2) अभेद में भेद—भेदकातिशयोक्ति।

(3) सम्बन्ध में असम्बन्ध—असम्बन्धातिशयोक्ति।

---

1. उपमेयं निगीर्य उपमानेन तस्याभेदकथनम् अतिशयोक्तिः।

(4) असम्बन्ध में सम्बन्ध—सम्बन्धातिशयोक्ति।

(5) कार्य-कारण का सहभाव (एक साथ होना)—अक्रमातिशयोक्ति।

(6) कार्य पहले हो और कारण बाद—अत्यन्तातिशयोक्ति।

कुछ लोगों ने चपलातिशयोक्ति नाम का एक और भेद माना है, जिसमें कारण के ज्ञान मात्र से कार्य के होने का वर्णन किया जाता है पर वह कार्य-कारण के सहभाव का ही एक दूसरा रूप है, अत: उसे पृथक् मानना अनावश्यक है।

1—रूपकातिशयोक्ति

जहाँ उपमेय को छिपाकर उपमान के द्वारा उसका बोध कराया जाये।

अद्‌भुत एक अनूपम बाग।

जुगल कमल पर गजवर क्रीड़त, तापर सिंह करत अनुराग

—सूर

यहाँ चरण के बदले युगल, कमल, जाँघ के बदले गजवर और कटि के बदले सिंह का कथन है—उपमेय का नाम न लेकर केवल उपमानों का ही निर्देश हुआ है। यह सारा पद्य ही रूपकातिशयोक्ति का उदाहरण है।

बाँधा था विधु को किसने इन काली जंजीरों से।

मणि वाले फणियों का मुख क्यों भरा हुआ हीरों से॥

—प्रसाद

यहाँ मुख के बदले चंद्र, केश के बदले काली जंजीर और सीमन्त के बदले फणिमुख का ही कथन है।

2—भेदकातिशयोक्ति

जहाँ अभेद रहने पर भी भेद वर्णित हो।

नयी अरुणिमा जगी अनल में, नवलोज्ज्वलता जल में,

नभ में नव्य नीलिमा, नूतन हरियाली भूतल में।—गुप्त

यहाँ कृष्ण के आगमन से अग्नि में नयी लालिमा, जल में नवीन उज्ज्वलता, आकाश में अपूर्व नीलिमा, भूतल में नूतन हरियाली का आना वर्णित है, पर वस्तुत: इनमें नयापन तो आता नहीं है। यहाँ अभेद रहने पर भी "नया" शब्द से भेद दिखाया गया है।

3—असम्बन्धातिशयोक्ति

जहाँ सम्बन्ध रहने पर भी सम्बन्ध का अभाव कहा जाय।

वह सजीव रचना थी युग की

पल में आकर झलकी,

नयी समायी जड़जंगम में

छवि उसकी जो छलकी।—गुप्त

यहाँ श्रीकृष्ण की छवि का जड़जंगम में समाने पर भी नहीं समाना कहा गया है।

4—सम्बन्धातिशयोक्ति

जहाँ सम्बन्ध न रहने पर भी सम्बन्ध बताया जाय।

यह भेद असम्बन्धातिशयोक्ति के विपरीत है।

पड़ी तरल यमुना तरंगिणी
घनी खड़ी हो जावे
तो उस अंग-भंगिमा का कुछ
रंग-ढंग वह पावे। —द्वापर

कृष्ण के शरीर का आंशिक सादृश्य पाने के लिए तरल यमुना के घनरूप में खड़ा हो जाने की कल्पना असम्बन्ध में सम्बन्ध का कथन है।

5—अक्रमातिशयोक्ति

जहाँ कार्य और कारण का एक साथ होना कहा जाय।

वह शर इधर गाण्डीव-गुण से भिन्न जैसे ही हुआ।
धड़ से जयद्रथ का उधर सिर छिन्न वैसे ही हुआ॥ —जयद्रथवध

यहाँ भी बाण का गाण्डीव से छूटना (कारण) और जयद्रथ का सिर कटना (कार्य) एक साथ वर्णित है।

6—अत्यन्तातिशयोक्ति

जहाँ कारण के पहले कार्य का होना कहा जाय।

पड़ी अचानक नदी अपार
घोड़ा कैसे उतरे पार?
राणा ने सोचा इस पार
तब तक चेतक था उस पार। —हल्दीघाटी

राणा जब तक यह सोचें कि घोड़ा कैसे नदी पार उतरे, तब तक चेतक उस पार था। कारण के पहले ही कार्य का होना कहा गया है।

तुल्ययोगिता

(1) अनेक प्रस्तुतों अथवा अनेक अप्रस्तुतों का एक धर्म से सम्बन्ध बताना तुल्ययोगिता अलंकार है।[1]

---

1. पदार्थानां प्रस्तुतानाम् अन्येषां वा यदा भवेत्।

तुल्ययोगिता का अर्थ है तुल्य (समान) की योगिता (सम्बन्ध)। समान के सम्बन्ध का तात्पर्य यह है कि जहाँ उपमेय हो वहाँ केवल उपमेय ही रहें और जहाँ उपमान हों वहाँ केवल उपमान ही रहें; उपमेय और उपमान का मिश्रण नहीं होना चाहिये। इसमें केवल कई प्रस्तुतों को एक साथ रखकर उनका एक धर्म से सम्बन्ध दिखाते हैं। प्रस्तुत और अप्रस्तुत दोनों के एक धर्म सम्बन्ध में दीपक अलंकार होता है।

तुल्ययोगिता में प्रस्तुत और अप्रस्तुत की पहचान जरा कठिन है। प्रकरण जाने बिना इसका निर्णय करना असम्भव-सा होता है। कई स्थलों पर प्रस्तुत और अप्रस्तुत का ठीक परिज्ञान नहीं रहने से तुल्ययोगिता और दीपक में प्रायः भूल हो जाया करती है। इसलिए प्रसंग या प्रकरण समझकर ही इन अलंकारों के निर्णय में प्रवृत्त होना चाहिये। यों ही मनमाने रूप में किसी को प्रस्तुत और किसी को अप्रस्तुत मानकर अलंकार का नामकरण कर देना उचित नहीं। धर्म गुणरूप और क्रियारूप दोनों प्रकार का होता है, यह उपमा के प्रकरण में ही कहा जा चुका है, उसे स्मरण रखना चाहिये।

अनेक प्रस्तुतों का एकधर्मसम्बन्ध

मानहु मुख दिखरावनी, दुलहिनि करि अनुराग।
सास सदन, मन ललन हूँ, सौतिन दियो सुहाग॥

यहाँ नयी दुलहिन को मुख देखी के रूप में सास घर, प्रियतम हृदय और सौतिनें सुहाग सौंप देती हैं। ये सभी प्रासंगिक और ''दियो'' एक धर्म से सम्बद्ध है।

अनेक अप्रस्तुतों का एकधर्मसम्बन्ध

बारौं बलि तो दृगनि पै, अलि, खंजन, मृग, मीन।
आधी डीठि चितौनि जिन, कियो लाल आधीन॥

यहाँ नेत्र-वर्णन के प्रसंग में अलि, खंजन, मृग और मीन सभी अप्रस्तुतों का 'बारौं' इस एक धर्म से सम्बन्ध कहा गया है, अतः तुल्ययोगिता है।

2. यदि हित और अहित में समान व्यवहार बताया जाय तो वहाँ भी तुल्योगिता होती है।

बंदौं संत समान चित, हित अनहित नहिं कोउ।
अंजलिगत सुभ सुमन जिमि, सम सुगंध कर दोउ॥

यहाँ भी संतों का हित-अनहित के प्रति समान भाव कथित है।

एकधर्माभिसम्बन्धः स्यात्तदा तुल्ययोगिता॥—सा०द०

दीपक

प्रस्तुत और अप्रस्तुत दोनों का एक धर्म से सम्बन्ध दीपक अलंकार है।[1]

दीपक का अर्थ स्पष्ट है। जिस प्रकार एक स्थान पर रखा हुआ दीपक चतुर्दिक अपना प्रकाश बिखेर कर सभी वस्तुओं को प्रकाशित करता है, उसी प्रकार 'दीपक अलंकार' में साधारण धर्म प्रस्तुत और अप्रस्तुत से अन्वित होकर दोनों को प्रकाशित करता है। दीपक के गुणसाम्य के आधार पर इस अलंकार को भी दीपक कहते हैं।

चितवन भौंह कमान, गदरचना बरुनी अलक।

तरुनि, तुरंगम, तान, आधु बंकाई ही बढ़ै।

सरसिज से सर की शोभा,

नयनों से तेरे आनन की।

यहाँ 'आनन' प्रस्तुत है और 'सर' अप्रस्तुत। दोनों का शोभारूप एक धर्म से सम्बद्ध रहने से दीपक अलंकार है।

प्रतिवस्तूपमा

जहाँ उपमेय और उपमान वाक्यों में एक ही साधारण धर्म भिन्न शब्दों से कहा जाय, वहाँ प्रतिवस्तूपमा अलंकार होता है।[2]

प्रतिवस्तूपमा में 'उपमा' शब्द का सादृश्यमात्र अर्थ है—प्रतिवस्तु अर्थात् प्रत्येक वाक्य के अर्थ में जहाँ उपमा अर्थात् सादृश्य हो। प्रतिवस्तूपमा में दो वाक्य होते हैं—एक उपमेय वाक्य और दूसरा उपमान वाक्य, पर दोनों के सादृश्य का शब्दतः कथन नहीं होता, अपितु वह व्यंग्य रहता है। दूसरी बात यह कि दोनों वाक्यों का साधारण धर्म होता है एक ही, पर एक होने पर भी उसे दोनों वाक्यों में दो शब्दों से कहते हैं। जैसे—"मुख सुन्दर है; चन्द्रमा मनोज्ञ है" यहाँ दो वाक्य हैं; पहले को उपमेय वाक्य और दूसरे को उपमान वाक्य कह सकते हैं। दोनों में सादृश्य तो है पर वह वाच्य न होकर व्यंग्य है। साथ ही, एक वाक्य में साधारण धर्म 'सुन्दर' शब्द से और दूसरे में 'मनोज्ञ' शब्द से कहा गया है पर वस्तुतः 'सुन्दर' और 'मनोज्ञ' शब्दों का अर्थ एक ही है—'सुन्दर'। केवल शब्द-पुनरुक्ति बचाने के लिये शब्द-भेद कर दिया गया है।

लसत सूर सायक-धनु-धारी। रवि प्रताप सन सोहत भारी।

---

1. प्रस्तुताप्रस्तुतयोर्दीपकं तु निगद्यते।—सा०द०
2. प्रतिवस्तूपमा सा स्याद वाक्ययोर्गम्यसाम्ययोः।
   एकोऽपि धर्मः सामान्यो यत्र निर्दिश्यते पृथक्॥—सा०द०

पहला उपमेय वाक्य और दूसरा उपमान वाक्य है और दोनों में 'शोभना' यह एक ही साधारण धर्म 'लसत' और 'सोहत' इन दो शब्दों से कहा गया है, अत: प्रतिवस्तूपमा है।

चटक न छाँड़त घटत हू, सज्जन नेह गंभीर।
फीको परै न बरु फटै, रँग्यो चोल रंग चीर॥

यहाँ दो वाक्य हैं—पूर्वार्द्ध उपमेय वाक्य है और उत्तरार्द्ध उपवाक्य। दोनों का सादृश्य वाच्य नहीं, गम्य (व्यंग्य) है; और 'चटक न छाँड़त' तथा 'फीको न परै' में शब्द-भेद होते हुए भी दोनों का अर्थ एक ही है—फीका न पड़ना। इसलिए प्रतिवस्तूपमा है।

दृष्टान्त

यदि उपमेय-उपमान में बिम्ब-प्रतिबिम्ब भाव हो तो दृष्टान्त अलंकार होता है।[1]

दृष्टान्त का अर्थ है उदाहरण। किसी बात को कहकर उसकी सत्यता प्रमाणित करने के लिए हम उसी ढंग की दूसरी बात कहा करते हैं—वह दूसरा वाक्य उदाहरणरूप में आकर पहले कथन की प्रामाणिकता पर मानो मुहर लगा देता है, जैसे 'उसका मुख निसर्ग-सुन्दर है; चन्द्रमा को प्रसाधन की क्या आवश्यकता?'' यहाँ पहला उपमेय वाक्य और दूसरा उपमान वाक्य है; दोनों सर्वथा स्वतन्त्र हैं पर दोनों को ठीक से देखने पर ऐसा मालूम पड़ता है जैसे दोनों में एक ही विचार दो रूपों में कहा गया है—किसी सुन्दर वस्तु का अकृत्रिम रूप से सुन्दर लगना। तो, ये दो पृथक्-पृथक् **वाक्य** जैसे बिम्ब-प्रतिबिम्ब भाव से सम्बद्ध हैं।

जब हम दर्पण में अपने को देखते हैं तो हम होते हैं बिम्ब और दर्पण में जो हमारी छाया पड़ती है, वह है प्रतिबिम्ब। जैसे हममें और हमारी छाया में अभेद रहते भी भेद है—हम सत्य हैं और छाया असत्य, हम सचेतन हैं और छाया अचेतन, वैसे ही उनमें भेद रहते भी अभेद है—वे दो हैं, एक सत्य, दूसरा असत्य, एक चेतन, दूसरा अचेतन, फिर भी दोनों में हमीं—हमारा ही व्यक्तित्व वर्तमान है। इस प्रकार दोनों के भेद में भी अभेद और अभेद में भी भेद है तथा दोनों में बिम्ब-प्रतिबिम्ब सम्बन्ध है। ऐसे ही दो भिन्न वाक्यों में भी यदि एक ही मूल-बिन्दु उपस्थित किया गया हो तो उनमें बिम्ब-प्रतिबिम्ब की कल्पना करेंगे।

1. दृष्टांत में दो स्वतन्त्र वाक्य रहते हैं।

2. दोनों में एक ही मूल विचार दो रूपों में व्यक्त रहता है, अर्थात् दोनों के धर्म सदृश होते हैं (एक नहीं)।

3. इस सादृश्य का वाचक कोई शब्द नहीं रहता, वह व्यंग्य होता है।

---

1. दृष्टान्तस्तु सधर्मस्य वस्तुन: प्रतिबिम्बनम्।—सा०द०

सठ सुधरहिं सत संगति पाई। पारस परस कुधातु सोहाई।

यहाँ सत्संगति से सठ का सुधरना वैसा ही है जैसे पारसमणि के स्पर्श से कुधातु (बुरे द्रव्य) का चमक उठना। यहाँ प्रथम वाक्य की सत्यता प्रतिपादित करने के लिये दृष्टांत रूप में दूसरा वाक्य आया है और दोनों में एक ही विचार बिन्दु है—अच्छे के साथ से बुरे का अच्छा हो जाना। इस प्रकार दोनों वाक्यों में बिम्ब-प्रतिबिम्ब भाव होने से यह दृष्टांत अलंकार है।

प्रिय लागिहि अति सबहिं मम, भनिति राम जस संग।
दारु बिचार कि करइ कोउ, बंदिय मलय प्रसंग॥

यहाँ तुलसीदास अपनी कविता के विषय में कहते हैं कि इसमें कोई विशेषता नहीं रहने पर भी केवल राम-चरित-वर्णन से लोग इसे अवश्य पसन्द करेंगे। चन्दन की काष्ठता पर कोई ध्यान नहीं देता—मलय के संसर्ग से वह साधारण लकड़ी होकर भी आदर पाता है। इन दोनों वाक्यों में बिम्ब-प्रतिबिम्ब भाव है—दोनों एक ही आशय की भिन्न अभिव्यक्ति-से दीखते हैं; अर्थात् अच्छे के संसर्ग से बुरे भी आदर पाते हैं।

निदर्शना

जहाँ वस्तुओं का परस्पर सम्बन्ध सम्भव अथवा असम्भव होकर उनमें सादृश्य का आक्षेप करावे, वहाँ निदर्शना अलंकार होता है।[1]

निदर्शना का अर्थ है उदाहरण या दृष्टांत। निदर्शना में दो ऐसी बातें एक साथ कही जाती हैं जिनका सम्बन्ध कहीं तो संभव और कहीं असंभव होता है पर दोनों ही स्थलों पर जब तक उनमें सादृश्य की कल्पना नहीं करते, तब तक वे वाक्य ऊट-पटाँग—असंबद्ध-से दीखते हैं; उन दोनों वाक्यों में कोई संगति नहीं मालूम पड़ती, पर सादृश्य के आक्षेप के द्वारा परस्पर निरपेक्ष या असंबद्ध-सी उन बातों को सापेक्ष या सुसंबद्ध रूप में उपस्थित कर उनकी संगति दिखायी जाती है; जैसे—कोई कहता है कि 'उन्हें समझाना पत्थर पर दूब जमाना है'। यहाँ समझाना एक बात है और पत्थर पर दूब जमाना दूसरी बात। दोनों में कोई सम्बन्ध या सामंजस्य नहीं। समझाना मानसिक व्यापार है और पत्थर पर दूब जमाना, शारीरिक—दोनों सर्वथा भिन्न क्रियाएँ हैं। फिर भी, दोनों को पूर्वोक्त वाक्य में एकत्र रखा गया है, जो सर्वथा निरर्थक-सा प्रतीत होता है। यहाँ दो वस्तुओं का सम्बन्ध असंभव है। अब यदि दोनों में सादृश्य की स्थापना कर दें तो वह असंबद्धता दूर हो जाती है—तब अर्थ होगा 'उन्हें समझाना पत्थर पर दूब जमाने के समान (कठिन) है'। वस्तुतः वक्ता का लक्ष्य समझाने की कठिनाई पर जोर देना होता है और उसके लिए वह ऐसा निदर्शन या उदाहरण रखता है जो उसके

---

1. सम्भवन् वस्तुसम्बन्धोऽसम्भवन् क्वापि कुत्रचित्।
यत्र बिम्बानुबिम्बत्वं बोधयेत् सा निदर्शना॥—सा०द०

भाव को पूर्ण स्पष्ट कर दे। पत्थर पर दूब जमाना असंभवप्राय है और उसके सादृश्य से व्यक्तिविशेष को समझाना भी असंभवप्राय प्रमाणित होता है। ऐसे ही, जब कोई कहता है कि 'जो देशसेवा करते हैं वे तलवार की धार पर चलते हैं, तो यहाँ वास्तव में दो वाक्य हैं—

1. जो देशसेवा करते हैं;

2. वे तलवार की धार पर चलते हैं।

पर संक्षेप के लिए दोनों को एक साथ रख दिया गया है और साथ रहकर दोनों असंगत हो जाते हैं—देशसेवा करना और बात है और तलवार की धार पर चलना और बात। फिर भी, दोनों बातें यहाँ अभिन्न रूप में जोड़ दी गयी हैं—दोनों को सर्वथा एक कर दिया गया है। तब आग-पानी की तरह उनमें कोई मेल नहीं रह जाता। उस समय अर्थ संघटित करने के लिए दोनों में सादृश्य की कल्पना कर लेते हैं 'देशसेवा करना तलवार की धार पर चलने के समान (दुरूह कार्य) है' और तब अर्थ सुसंगत होता है। इसीलिए कहा गया है दो वाक्यों में अर्थ-संगति के लिए सादृश्य-कल्पना अनिवार्य होती है।

जहाँ यह वस्तु-सम्बन्ध संभव होता है वहाँ भी सादृश्य का आक्षेप आवश्यक होता है, जैसे 'सूर्य संध्या को डूबता क्या है संसार को यह बतलाता है कि जो दूसरों को सन्तप्त करते हैं (जैसा मध्याह्न में मैंने किया) उनकी अन्त में यही अवस्था होती है—उनका 'अध:पतन हो जाता है'। यहाँ ऐसे वक्ता के रूप में सूर्य का अन्वय संभव है, पूर्वोक्त वाक्यों की तरह असंभव नहीं। फिर भी, सूर्य यह प्रमाणित करने के लिए ही अस्त नहीं होता—अस्त होना तो उसका प्राकृतिक धर्म है। तो यहाँ भी वाक्य में जो असंगति दीखती है, वह इस प्रकार की कल्पना के बाद मिट जाती है कि सूर्य का अस्त होना इस बात को प्रमाणित करने के समान है कि दूसरों को सन्तप्त करनेवाले का अध:पतन इसी प्रकार हुआ करता है।

कहीं तो यह वाक्यार्थगत होती है और कहीं पदार्थगत।

सम्भव वस्तुसम्बन्ध

फूल, फल, दल दे सबों को सर्वथा
वृक्ष यह आदर्श हैं सिखला रहे—
है मिली संपत्ति जिनको, दूसरों
का उन्हें सत्कार करना चाहिये।

वृक्ष का सबों को अपने फल-फूल-पत्ते देना यह आदर्श सिखाने के सदृश है कि जो सम्पन्न हैं उन्हें अपनी सम्पत्ति को दूसरों के सत्कार में व्यय करनी चाहिये। यहाँ भी पूर्वार्द्ध और उत्तरार्द्ध में बिम्ब-प्रतिबिम्ब की कल्पना करनी पड़ती है। यह भी सम्भव वस्तुसम्बन्ध का उदाहरण है—इस प्रकार का आदर्श रखना सम्भावित है।

व्यर्थ तप्त करता जो जग में
कौन फूलता-फलता?
सूचित करता यह संध्या को
रवि नीचे है ढलता।

दिन भर अपनी प्रखर किरणों से संसार को तप्त करने वाले सूर्य का सन्ध्या को अस्त होना यह सूचित करने के समान है कि जो व्यर्थ दूसरों तो तप्त करता है (सताता है) वह चिरकाल तक फूलता-फलता नहीं—अन्ततः उसका पतन अवश्य होता है।

असंभव वस्तुसम्बन्ध

जे अस भगति जानि परिहरहीं। केवल ज्ञान हेतु स्रम करहीं॥
ते जड़ कामधेनु गृह त्यागी। खोजत आक फिरहिं पय लागी॥

जो सर्वसुलभ , सुगम भक्ति को छोड़ केवल ज्ञान के चक्कर में पड़े रहते हैं वे घर की कामधेनु को छोड़ दूध के लिए आक (वनस्पति-विशेष) ढूँढ़ते फिरते हैं। यहाँ दो वाक्य हैं—भक्ति छोड़कर ज्ञान के लिए श्रम करना और घर की कामधेनु को छोड़ दूध के लिए आक तलाशते चलना। इन दोनों के बदले जो ज्ञान के पीछे माथापच्ची करते हैं वे कामधेनु का परित्याग कर दूध की इच्छा से आक ढूँढ़ते हैं। सादृश्य का आक्षेप कर लेने पर वाक्यार्थ का अवगम इस प्रकार होता है कि सुगम भक्ति को छोड़ ज्ञान के लिए श्रम करना घर की कामधेनु को छोड़ दूध के लिए आक् खोजते चलने के जैसा उपहासास्पद है—व्यर्थ है। इस उदाहरण में दोनों वाक्यों का असंभव सम्बन्ध बिम्ब-प्रतिबिम्ब भाव-सादृश्य—की कल्पना कराता है।

ठीक यही बात नीचे के उदाहरण में भी है—

सुनु खगेस हरि भगति बिहाई। जे सुख चाहहिं आन उपाई॥
ते सठ महासिंधु बिनु तरनी। पैरि पार चाहत जड़ करनी॥

हरिभक्ति को तजकर दूसरे उपाय से सुख पाना, नाव को छोड़ तैर कर समुद्र पार करने के जैसा असम्भव और जड़ता का सूचक है। इस प्रकार इसमें उपमानोपमेय भाव द्वारा संगति बैठती है।

इस मृदुल तन को तपस्या के कठिन
कार्य में विनियुक्त जो मुनि कर रहा।
वह कमल की पंखुड़ी की धार से।
चाहता शाखा शमी की काटना।

शकुन्तला को आश्रम के कार्यों में लीन देखकर यह दुष्यन्त की उक्ति है—जो मुनि (कण्व) इस कोमल शरीर से तपस्या के कठिन-कठोर कार्य करवा रहा है, वह कमल की पंखुड़ी की धार से शमीवृक्ष की डाल काटना चाहता है। कण्व

शकुन्तला से आश्रम का कार्य करवा रहे हैं; वे कमल की पंखुड़ी से वृक्ष की डाल तो काट नहीं रहे हैं। पर यहाँ इन दोनों असंबद्ध बातों को एक साथ कर दिया गया है। यह वस्तुसम्बन्ध असंभव है—किसी से कोई काम लेना और बात है और कमल की पंखुड़ी से डाल काटना और। अतः इनकी संगति इस प्रकार बैठती है कि शकुन्तला के कोमल शरीर को तपस्या के कठोर कार्यों में नियुक्त करना वैसा ही अनुचित है जैसा कमल की पंखुड़ी से शमी वृक्ष की डाल को काटने की इच्छा या चेष्टा।

द्वितीय निदर्शना

यदि उपमेय का गुण उपमान में अथवा उपमान का गुण उपमेय में आरोपित हो तो वहाँ भी निदर्शना होती है।

उपमेय के गुण का उपमान में आरोप—

रवि ससि नखत दिपहिं ओहि जोती। रतन पदारथ मानिक मोती॥

—जायसी

यहाँ पद्मावती की दन्त-ज्योति (उपमेय) से रवि, शशि, नक्षत्र, रत्न, माणिक्य और मोती (उपमानों) का ज्योतित होना कहा गया है। अतः उपमेय का गुण (दीप्त होना—चमकना) उपमान में कहे जाने से यह निदर्शना का दूसरा भेद है।

उपमान के गुण का उपमेय में आरोप।

सुजन सभागिनि के बसै, बैननि सुधा मिठास।
कुसुम झरन कलहास में, मुख में चन्द्र प्रकास॥

यहाँ वचन (उपमेय) में सुधा (उपमान) की मिठास (गुण) का आरोप है; वैसे ही मधुर हास में पुष्प-वर्षा का और मुख में चन्द्र की प्रभा का।

पूर्वार्द्ध के लिए उत्तरार्द्ध उदाहरण के रूप में उपन्यस्त है।

व्यतिरेक

उपमान की अपेक्षा उपमेय का उत्कर्ष-वर्णन व्यतिरेक अलंकार है।

व्यतिरेक का अर्थ है विशेष (वि) आधिक्य (अतिरेक), पर आधिक्य किसका और किसकी अपेक्षा? उसी का लक्षण में उत्तर है। उपमान की अपेक्षा उपमेय का आधिक्य अथवा उत्कर्ष इस अलंकार का विषय है। प्रायः और सभी अलंकारों में उपमेय की उपेक्षा उपमान के उत्कर्ष का वर्णन रहता है पर यहाँ उसका विपर्यय पाया जाता है।

उपमान की अपेक्षा उपमेय का उत्कर्ष-वर्णन चार प्रकार से सम्भव है—

1. उपमेय के उत्कर्ष और उपमान के अपकर्ष का कारण-निर्देश हो।
2. उपमेय के उत्कर्ष का कारण-निर्देश हो।

3. उपमान के अपकर्ष का कारण-निर्देश हो।

4. उपमेय के उत्कर्ष और उपमान के अपकर्ष दोनों के कारण का अभाव हो।

1—उपमेय के उत्कर्ष और उपमान के अपकर्ष का कारण-निर्देश

पावक झर ते मेह झर, दाहक दुसह बिसेख।
दहै देह वाके परस, याहि दृगन ही देख॥

यहाँ पावक-झर उपमान और मेह-झर उपमेय है पर पावक-झर की अपेक्षा मेह-झर का उत्कर्ष दिखाया गया है क्योंकि जहाँ पावक-झर के स्पर्श से शरीर जलता है वहाँ मेह-झर को देखकर ही शरीर जलने लगता है (वियोगियों के लिए उद्दीपन होने से) यहाँ उपमान के अपकर्ष का (स्पर्श से शरीर जलना) और उपमेय के उत्कर्ष का (दर्शन मात्र से शरीर जलना) कारण कहा गया है।

स्वर्ग की तुलना उचित ही है यहाँ,
किन्तु सुर सरिता कहाँ, सरयू कहाँ।
वह मरों को मात्र पार उतारती,
यह यहीं से जीवितों को तारती॥

यहाँ उपमेय (साकेत) का उपमान (स्वर्ग) की उपेक्षा उत्कर्ष बताया गया है पर वह साक्षात् न होकर उभयत्र स्थित दो नदियों के द्वारा निर्दिष्ट है। स्वर्ग की गंगा केवल मरे हुओं को मुक्ति देती है, अत: उसकी अपेक्षा सरयू, जो जीवितों के मोक्ष का पथ प्रशस्त करती है, कहीं श्रेष्ठ है। यहाँ स्वर्गंगा के अपकर्ष का कारण (मरों को तारना) और सरयू के उत्कर्ष का कारण (जीवितों को पार उतारना) दोनों का कथन है।

2. उपमेय के उत्कर्ष का कारण-निर्देश

प्रकट तीन हूँ लोक में, अचल प्रभा करि थाप।
जीत्यो 'दास' दिवाकरहिं, श्रीरघुवीर प्रताप॥

यहाँ सूर्य (उपमान) की अपेक्षा रामप्रताप (उपमेय) का उत्कर्ष वर्णन है, साथ ही उपमेय के उत्कर्ष का कारण पूर्वार्द्ध में निर्दिष्ट है—'तीनों लोकों में प्रकाश करना' और 'अचल प्रभा को स्थापित करना'।

ज्ञानयोग से हमें हमारा यही वियोग भला है।

जिसमें आकृति, प्रकृति, रूप, गुण, नाट्य, कवित्व कला है।

यहाँ वियोग के उत्कर्ष के कारणों का उत्तरार्द्ध में निर्देश है पर ज्ञानयोग के अपकर्ष का कारण उक्त नहीं है।

3. उपमान के अपकर्ष का कारण-निर्देश

जनम सिंधु, पुनि बंधु विष, दिन, मलीन, सकलंक।
सिय मुख समता पाव किमि, चंद बापुरो रंक॥

यहाँ चन्द्र की अपेक्षा सीता के मुख का आधिक्य-वर्णन है और उपमान के अपकर्ष के क़ारणों का पूर्वार्द्ध में शब्दतः कथन है। जिसकी उत्पत्ति खारे समुद्र से, जिसका बन्धु हलाहल (विष), जो दिन को प्रभाहीन और साथ ही सकलंक है, उससे उत्तम-कुलोत्पन्न, सद्बन्धु-सम्पन्न, अहर्निश प्रभा बिखेरनेवाले और कलंक-रहित सीता के मुख की तुलना भला कौन दुर्विदग्ध करेगा?

गिरा मुखर, तनु अरध भवानी। रति अति दुखित अतनु-पति जानी॥
विष बारुनी बन्धु प्रिय जेही। कहिय रमा सम किमु वैदेही॥

यहाँ सरस्वती, पार्वती, रति और लक्ष्मी (उपमानों) के अपकर्ष के कारण उक्त हैं पर सीता (उपमेय) के उत्कर्ष का कारण नहीं कहा गया है।

4. उपमेय के उत्कर्ष और उपमान के अपकर्ष का कारण न कहना—

कोमलतर सरसिज से भी तेरा कर है सुकुमारि।

यहाँ उपमेय के उत्कर्ष और उपमान के अपकर्ष इन दोनों में किसी का कारण नहीं कहा गया है। उपमान (सरसिज) की उपेक्षा उपमेय (कर) के उत्कर्ष-वर्णन (कोमलतर कहने) से व्यतिरेक अलंकार है।

जिनके जस प्रताप के आगे। ससि मलीन रवि सीतल लागे॥

यहाँ यश और प्रताप (उपमेय) को चन्द्र और सूर्य (उपमान) से उत्कृष्ट कहा गया है पर उपमेय के उत्कर्ष अथवा उपमान के अपकर्ष का कारण निर्दिष्ट नहीं है।

सहोक्ति

सहार्थवाचक शब्द के बल से जहाँ एक शब्द से अनेक अर्थ निकलें वहाँ सहोक्ति अलंकार होता है।[1]

सहोक्ति का अर्थ है साथ कहना। अनेक वस्तुओं के सहभाव में यह अलंकार होता है। इसमें साथ, सह, संग आदि सहायक शब्दों की सहायता से अनेक अर्थों को बताया जाता है पर यह ध्यान में रखना चाहिए कि उनमें जो समकालिकता वर्णित होती है उसमें अतिशयोक्ति रहा करती है अर्थात् दो क्रियाओं के कारण-कार्य-भाव—पूर्व पश्चाद्-भाव—का विपर्यय कर देते हैं और इसी पूर्व-पश्चाद्-भाव के विपर्यय के आधार पर सहादि के बल से अनेक अर्थों की उक्ति में सहोक्ति का चमत्कार रहता है। चमत्कार से रहित केवल साथ के वर्णन में अलंकार नहीं होता; जैसे—राम और श्याम साथ गये। दूसरी बात यह है कि जिन दो क्रियाओं के एक साथ होने का वर्णन किया जाता है उनमें प्रधानगौण-भाव भी रहता है—उनमें एक तो प्रधान होती है और दूसरी अप्रधान।

---

1. सा सहोक्तिः सहार्थस्य बलादेकं द्विवाचकम्॥—का०प्र०

निज पलक, मेरी विकलता, साथ ही
अवनि से, उर से, मृगेक्षिणि ने उठा,
एक पल निज शस्य-श्यामल दृष्टि से
स्निग्ध कर दी दृष्टि मेरी दीप-सी। —पंत

यहाँ 'साथ ही' शब्द की सहायता से नायिका की पलकों का नीचे से (भूमि से) और नायक की विकलता का हृदय से उठना कहा गया है।

जनक निरासा, दुष्ट नृपजन की आसा,
पुरजन की उदासी, सोक रनिवास मनु के।
बीरन के गरब गरूर भरपूर सब,
भ्रम मोह आदि मुनि कौसिक के तनु के।
'हरिचंद' भय देव मन के, पुहुमि भार,
विकल बिचार सबै पुरनारी जनु के।
संका मिथिलेस की, सिया के उर सूल सबै,
तोरि डारे रामचन्द्र साथै हरधनु के।

यहाँ शिवधनु के भंग के साथ जनक की निराशा आदि अनेक का भंग करना कहा गया है।

समासोक्ति

यदि प्रस्तुत के वर्णन से अप्रस्तुत की प्रतीति हो तो समासोक्ति अलंकार होता है।[1]

समासोक्ति का अर्थ है समास (संक्षेप) से उक्ति (कथन)। इसमें संक्षिप्त उक्ति इस प्रकार रहती है कि वर्णन होता है केवल प्रस्तुत का और उससे प्रतीति होती है अप्रस्तुत की भी। एक के वर्णन में दो का बोध कराना संक्षेप नहीं तो और क्या है?

प्रस्तुत से अप्रस्तुत की प्रतीति तीन प्रकार से संभव है—

1. समान विशेषणों से— ऐसे विशेषण जो प्रस्तुत के साथ अप्रस्तुत में भी लग सकते हों।

2. समान कार्य से— प्रस्तुत और अप्रस्तुत के कार्य समान हों, एक-से हों।

3. समान लिंग से— प्रस्तुत और अप्रस्तुत में लिंगसाम्य हो।

यद्यपि विशेषण, कार्य और लिंग का स्पष्टस्वरूप-पार्थक्य कठिन है, जहाँ एक रहेगा वहाँ दूसरा भी हो सकता है पर 'प्राधान्येन व्यपदेशा भवन्ति' के अनुसार जहाँ जिसकी प्रधानता हो वहाँ उसके आधार पर अलंकारत्त्व मानना चाहिए।

---

1. प्रस्तुताद् अप्रस्तुतप्रतीतिः समासोक्तिः।

विशेषण-साम्य

चंपलता सुकुमार तू, धन तुव भाग्य बिसाल।
तेरे ढिग सोहत सुखद, सुन्दर स्याम तमाल॥

यह वर्णन है प्रस्तुत चम्पकलता का जो तमालवृक्ष से लिपटी है—'अरी चम्पकलते! तू बड़ी कोमल है, तू धन्य और बड़ी भाग्यशालिनी है जो तेरे समीप सुखद, सुन्दर, श्याम तमाल शोभ रहा है।'

यहाँ विशेषण कुछ ऐसी विशेषतावाले हैं कि इस चम्पकलता के वर्णन से अप्रस्तुत 'राधा' की भी प्रतीति होती है, वे दोनों—प्रस्तुत-अप्रस्तुत, चम्पा-राधा-के पक्षों में संघटित हो जाते हैं। 'राधे! तू बड़ी कोमल है, तेरा भाग्य बहुत बड़ा है जो तेरे पास सुखद, सुन्दर, श्याम तमाल (कृष्ण) शोभ रहा है।'

अतः यहाँ प्रस्तुत चम्पकलता के वर्णन से, विशेषणों के साम्य के आधार पर, अप्रस्तुत राधा की प्रतीति होने से समासोक्ति अलंकार है।

पीली पड़, निर्बल, कोमल,
कृश देह-लता कुम्हलाई।
विवसना, लाज में लिपटी,
साँसों में शून्य समाई।—पंत

चाँदनी के इस प्रस्तुत वर्णन से विशेषणों की समानता के कारण पाण्डु-वर्ग, क्षीणकाय किसी कोमल नारी की प्रतीति होती है।

कार्य-साम्य

कोषबिद्ध तन बद्ध है, गरे परो बनि हार।
सरस सुमन बड़ भाग तव, उर पै करत बिहार॥

यहाँ प्रस्तुत पुष्प का अपने को विद्ध और बद्ध कराकर (शरीर को छिदवाकर एवं बन्धन में पड़कर) भी नायिका के स्तनों पर बिहार करने की चेष्टा से अप्रस्तुत रूप में किसी ऐसे नायक की व्यंजना होती है जो नायिका में स्पर्श-जन्य आनन्द के लिए कष्ट सह रहा हो।

दिनकर-कुल में दिव्य जन्म पा,
बढ़कर नित तरुवर के संग,
मुरझे पत्रों की साड़ी में,
ढँककर अपने कोमल अंग,
सदुपदेश सुमनों से तरु के,
गूँथ हृदय का सुरभित हार,
पर-सेवा-रत रहती हो तुम,
हरती नित पथ-श्रान्ति अपार।—पंत

यहाँ 'छाया' के प्रस्तुत वर्णन से कार्य-साम्य के आधार पर किसी सत्कुलोत्पन्न, आडम्बरहीन जीवन बितानेवाली परोपकारपरायणा सती-साध्वी नारी का बोध होता है।

लिंग-साम्य

जब तुहिन-भार से चलता था
धीरे-धीरे मारुत-कुमार,
तब कुसुम-कुमारी देख-देख
उस पर हो जाती थी निसार।

यहाँ प्रस्तुत मारुत-कुमार पर कुसुम-कुमारी के निसार होने के वर्णन से, मस्ती से चलनेवाले किसी युवक पर किसी युवती का निसार होना द्योतित होता है। यहाँ मारुत के पुल्लिग और कुसुम-कुमारी के स्त्रीलिंग होने से इस प्रकार की प्रतीति होती है, अत: यहाँ लिंगगत समासोक्ति है।

विशेषण, कार्य और लिंग इन तीनों का सांकर्य भी हो सकता है, जैसे—

ओस-बिन्दु की मालाओं का भूषणभार संभाले,
उत्तर रही मुग्धा ऊषा रवि के कर में कर डाले।—नूरजहाँ

यहाँ विशेषण—मुग्धा, कार्य—भूषणभार संभालना और कर में कर डालकर चलना तथा लिंग-ऊषा में स्त्रीलिंग और रवि में पुल्लिग, इन तीनों के आधार पर प्रस्तुत ऊषा-रवि के वर्णन में अप्रस्तुत फैशनेबुल, अप-टु-डेट नायक-नायिका की 'प्रतीति' हो रही है।

अप्रस्तुतप्रशंसा

यदि अप्रस्तुत के वर्णन से प्रस्तुत की प्रतीति हो तो अप्रस्तुतप्रशंसा अलंकार होता है।[1]

अप्रस्तुतप्रशंसा का अर्थ है अप्रस्तुत का वर्णन। यहाँ प्रशंसा शब्द तारीफ का वाचक नहीं, वह सामान्य वर्णन या कथन मात्र का बोध कराता है। अप्रस्तुत-प्रशंसा में वर्णन तो किया जाता है अप्रस्तुत का पर वह कुछ इस प्रकार निबद्ध रहता है कि उससे प्रस्तुत की भी प्रतीति होती है।

अप्रस्तुत से प्रस्तुत की यह प्रतीति पाँच प्रकार से संभव है—

1. अप्रस्तुत कारण के वर्णन से प्रस्तुत कार्य की प्रतीति—कारण-निबन्धना।
2. अप्रस्तुत कार्य के वर्णन से प्रस्तुत कारण की प्रतीति—कार्य-निबन्धना।
3. अप्रस्तुत विशेष के वर्णन से प्रस्तुत सामान्य की प्रतीति—विशेष-निबन्धना।
4. अप्रस्तुत सामान्य के वर्णन से विशेष की प्रतीति—सामान्य-निबन्धना।

---

1. अप्रस्तुतात् प्रस्तुतप्रतीति: अप्रस्तुतप्रशंसा।

5. अप्रस्तुत तुल्य वस्तु के वर्णन से प्रस्तुत तुल्य वस्तु की प्रतीति—सारूप्य-निबन्धना।

1. कारण निबन्धना

अप्रस्तुत कारण के वर्णन से प्रस्तुत कार्य की प्रतीति।

कोउ कह जब बिधि रति मुख कीन्हा।
सार भाग ससि कर हर लीन्हा।

यहाँ प्रस्तुत कार्य है रतिमुख के सौन्दर्य का वर्णन करना। उसे न कर उस मुख के सौन्दर्य के कारण—चन्द्रमा के सार भाग के ग्रहण—का वर्णन किया गया है। इस प्रकार अप्रस्तुत कारण के वर्णन से प्रस्तुत कार्य की प्रतीति होने से अप्रस्तुत-प्रशंसा अलंकार है।

कोमलता कंज तें सुगन्ध ले गुलाबन तें,
चंद तें प्रकास लीन्हों उदित उजेरो है।
रूप रति-आनन तें चातुरी सुजानन तें,
नीर नीरवानन तें कौतुक निबेरो है।
'ठाकुर' कहत, ये मसाला बिधि कारीगर,
रचना निहारी क्यों न होत चित चेरो है।
कंचन को रंग ले, सवाद ले सुधा को,
बसुधा को सुख लूटि कै बनायो मुख तेरो है।

यहाँ प्रस्तुत कार्य है राधा के मुख का सौन्दर्य-वर्णन। उसके बदले उस सौन्दर्य के कारणों—कोमलता कंज तें आदि—का वर्णन किया गया है।

2. कार्य निबन्धना

अप्रस्तुत कार्य के वर्णन से प्रस्तुत कारण की प्रतीति।

गोपिन के अँसुवन भरी, सदा असोस अपार।
डगर डगर नै ह्वै रही, बगर बगर के बार॥

यहाँ प्रस्तुत है गोपियों के विरह का वर्णन पर उसके बदले उस विरह का कार्य—आँसुओं से नदी का बह जाना—वर्णित है। विरह (कारण) से आँसू (कार्य) की उत्पत्ति प्रसिद्ध ही है। तो इस प्रकार प्रस्तुत (वर्णनीय) विरहरूप कारण की प्रतीति अप्रस्तुत आँसूरूप कार्य के वर्णन से करायी गयी है, अतः अप्रस्तुत-प्रशंसा है।

मैं लै दयो, लयो सुकर, छुवत छिनकिगो नीर।
लाल! तिहारो अरगजा, उर ह्वै लग्यो अबीर॥

यहाँ प्रस्तुत है नायिका का नायक पर अनुरागातिशय्य सूचित करना। उसके विषय में कुछ न कहकर (नायिका की) सखी उस अनुराग के कार्य का ही वर्णन

कर देती है—'हे लाल! तुम्हारे विरह-जनित तापाधिक्य से अरगजा (सुगन्ध द्रव्यों से निर्मित लेप विशेष) का रस उस (नायिका) के छूते ही सूख गया और वह लेप के बदले अबीर होकर उसके शरीर में लगा। तुम पर उसका इतना अनुराग है कि वह तुम्हारे विरह में ताप से जल रही है।'' इस प्रकार यहाँ प्रस्तुत अनुराग-वर्णनरूप कारण की प्रतीति कराने के लिए उस (अनुराग) के अप्रस्तुत कार्य—अरगजा का रस सूख कर अबीर हो जाना—का वर्णन किया गया है।

3. विशेष निबन्धना

अप्रस्तुत विशेष के वर्णन से प्रस्तुत सामान्य की प्रतीति।

फरजी साह न ह्वै सकै, गति टेढ़ी तासीर।
'रहिमन' सीधी चाल तें, प्यादा होत वजीर।

टेढ़े चलने का परिणाम यह है कि फरजी कभी बादशाह नहीं होता। और सीधे चलने से प्यादा भी वजीर हो जाता है। इस विशेष अप्रस्तुत से यह सामान्य प्रस्तुत प्रतीत होता है कि कुटिल व्यवहार वाले उन्नति नहीं कर सकते और सरल व्यवहार वाले कर सकते हैं।

क्षमा शोभती उस भुजंग को
जिसके पास गरल हो,
उसको क्या जो दन्तहीन,
विषरहित, विनीत, सरल हो।—कुरुक्षेत्र

इस अप्रस्तुत सर्प के विशेष वर्णन से प्रस्तुत में यह सामान्य अर्थ प्रतीति होती है कि शक्तिसम्पन्न पुरुष को ही क्षमा शोभा देती है, शक्तिहीन को नहीं।

4. सामान्य निबन्धना

अप्रस्तुत सामान्य के वर्णन से प्रस्तुत विशेष की प्रतीति।

अपमान को कर सहन रहते मौन जो,
उन नरों से धूलि भी अच्छी कहीं,
चरण का आघात सहती है न जो,
शीश पर चढ़ बैठती है तुरत ही।—का०ल०

यह भी शिशुपालवध के पूर्वोक्त प्रसंग में बलदेव का कृष्ण के प्रति कथन है, जिसमें अपमानसहिष्णु मनुष्यसामान्य के वर्णन से प्रस्तुत में यह कहना है कि 'अपमान को चुप होकर सहनेवाले हम लोगों की अपेक्षा ठोकर खाकर सिर पर चढ़नेवाली धूल भी अच्छी है', जो विशेष अर्थ है। इस प्रकार यहाँ अप्रस्तुत सामान्य से प्रस्तुत विशेष की प्रतीति होती है।

रुग्ण होना चाहता कोई नहीं,
रोग लेकिन आ गया जब पास हो,

तिक्त औषधि के सिवा उपचार क्या?
शमित होगा वह नहीं मिष्टान्न से।—कुरुक्षेत्र

भीम युधिष्ठिर से कह रहे हैं कि रुग्णता का उपचार तिक्त औषधि ही है। इस अप्रस्तुत सामान्य से प्रस्तुत में यह विशेष अर्थप्रतीति होती है कि कौरवों की दुर्नीति का प्रतिकार युद्ध ही था और कुछ नहीं।

5. सारूप्य निबन्धना

अप्रस्तुत समानवस्तु के वर्णन से प्रस्तुत तत्समान वस्तु की प्रतीति।

नहिं पराग नहिं मधुर मधु, नहिं बिकास इहि काल।
अली कली ही सों बँध्यौ, आगे कौन हवाल॥

इस पद्य के द्वारा बिहारी का अप्रस्तुत भ्रमर के वर्णन से प्रस्तुत में राजा जयसिंह को नयी रानी से अलग कर राज-काज की ओर उसका ध्यान दिलाना ही प्रसिद्ध ही है।

जिन जिन देखे वे कुसुम, गई सु बीति बहार।
अब अलि रही गुलाब की, अपत कँटीली डार॥

अप्रस्तुत गुलाब की अतीत श्रीसम्पन्नता का स्मरण दिलाते हुए उसकी वर्तमान पत्रपुष्पहीन अवस्था के वर्णन से प्रस्तुत में किसी पहले के सम्पन्न व्यक्ति की आधुनिक दुरवस्था सूचित की गयी है।

ओ तरुणी तेरा आश्रम-तरु गिरकर आज धरा पर सो।
तुझे अकेले छोड़ गया है, प्राण न दे लतिके! रो-रो।

—नूरजहाँ

यहाँ अप्रस्तुत आश्रयहीन लता के आश्वासन के रूप में प्रस्तुत पतिविहीना नूरजहाँ को आश्वासन दिया गया है।

मानस सलिल सुधा प्रतिपाली। जिअइ कि लवन-पयोधि मराली॥
नव रसाल वन बिहरन सीला। सोह कि कोकिल बिपिन करीला॥

यहाँ अप्रस्तुत मराली (हंसिनी) और कोकिला के वर्णन से प्रस्तुत सीताजी की प्रतीति करायी गयी है।

अर्थश्लेष

स्वभावत: एकार्थवाची शब्दों से अनेक अर्थों का कथन अर्थश्लेष अलंकार है।

शब्दश्लेष से इसका अन्तर स्पष्ट है। शब्दश्लेष में अनेकार्थक शब्दों से अनेक अर्थ कहे जाते हैं और अर्थश्लेष में एकार्थक शब्दों से अनेक अर्थ। अर्थश्लेष में श्लेष शब्द के आश्रित न होकर अर्थ के आश्रित रहता है, इसीलिए इसे अर्थश्लेष कहते हैं। इसमें शब्द-परिवर्तन कर देने पर भी अर्थ परिवर्तित नहीं होता। शब्दश्लेष में शब्द-परिवर्तन से अर्थ परिवर्तित हो जाता है।

रंचहिं सों ऊँची चढ़ै, रंचहिं सों नमि जाय।
तुलाकोटि खल दुहुँन की, यहै रीति दिखलाय॥

यहाँ तुलाकोटि और खल दोनों वर्णनीय हैं और पूर्वार्द्ध उन दोनों का विशेषण होकर आया है। यदि रंच आदि शब्दों के बदले "अल्प" या "थोड़" आदि शब्दों का प्रयोग करें तो भी अर्थ वही रहेगा—उसमें कोई परिवर्तन नहीं होगा।

सखि! मुख तेरा और कमल, दोनों हैं एक समान।
कोमल, सुखद, सुगन्धि, मनोहर, विकसित अति छविमान॥

यहाँ उत्तरार्द्ध के कोमल आदि एकार्थक विशेषणों द्वारा मुख और कमल दोनों का वर्णन है। यदि इनके स्थान पर इनके पर्याय मृदु आदि शब्दों को भी रख दो तब भी अर्थ अपरिवर्तित ही रहेगा।

पर्यायोक्ति

व्यंग्य का ही प्रकार विशेष से अभिधान पर्यायोक्ति अलंकार है।[1]

पर्यायोक्ति का अर्थ है पर्याय (प्रकार) से उक्ति (कथन)। कुछ कहना अभीष्ट हो पर उसे सीधे न कहकर भंग्यन्तर—दूसरे ढंग से कहा जाय। तात्पर्य यह कि इसमें जो कुछ कहना होता है उसे स्पष्टत: नहीं कह, घुमा-फिराकर कहा जाता है। जैसे कोई किसी से पूछे कि 'आपके जन्म से किस जाति की गौरव-वृद्धि हुई है' तो इसका अर्थ है कि 'आप किस जाति के हैं।' वैसे ही 'आपने कैसे कृपा की' का अर्थ है 'आप किस काम के लिए आये' तो यहाँ 'किस जाति के हैं' या 'किस काम के लिये आये' इन्हीं बातों को सीधे न कहकर घुमा-फिराकर—दूसरे प्रकार से—कहा गया है।

चल्यौ चहत परदेस अब, प्रिय प्रानन के नाथ।
कुछ ठहरौ ले जाइयौ, अँसुवा असुवन[2] साथ॥

परदेश जानेवाले पति से नायिका कह रही है कि "प्राणनाथ! आप परदेश जाना चाहते हैं तो जरा ठहर जाइये। मेरे प्राणों को भी आँसुओं के साथ ही लेते जाइएगा।" इसका तात्पर्य है कि आपके जाने पर मैं जीवित नहीं रहूँगी। तो यह सीधी-सी बात कि मैं जीवित नहीं रहूँगी, इस प्रकार-भेद से कही गयी है।

तरु पर लौट रहे हैं नभचर,
लौट रहीं नौकाएँ तट पर,
पश्चिम की गोदी में रवि की श्रान्त किरण ने आश्रय पाया।

—बच्चन

यहाँ 'सूर्यास्त हो गया', इसी को उपर्युक्त विभिन्न प्रकारों से कहा गया है।

---

1. पर्यायोक्तं यदा भंग्या गम्यमेवाभिधीयते।—सा०द०
2. प्राण।

व्याजस्तुति

यदि निन्दा से स्तुति और स्तुति से निन्दा व्यक्त हो तो व्याजस्तुति अलंकार होता है।[1]

व्याजस्तुति का अर्थ है—व्याज—बहाने से स्तुति प्रशंसा। निन्दा से स्तुति व्यक्त हो तो व्याजस्तुति की व्युत्पत्ति होगी—व्याज अर्थात् (निन्दा के) बहाने से स्तुति; स्तुति से निन्दा व्यक्त होने पर व्याज-रूप—छलरूप अर्थात् अवास्तविक—असत्य स्तुति। किसी की झूठी प्रशंसा से उसकी निन्दा ही टपकती है। यहाँ स्तुति शब्द का सामान्य प्रशंसारूप अर्थ लिया जाता है।

लाल तिहारे रूप की, कहौ रीति यह कौन?
जासों लागै पलक दृग, लागत पलक पलौ न॥

यह रूप भी क्या है जिसे पल भर देखने पर ही कभी आँखें नहीं लगतीं। जो रूप किसी की नींद हराम कर दे वह भी कोई रूप है! पर ऐसा रूप मिलता है कितने लोगों को, जिसे एक बार देखा नहीं कि सबकी सुध-बुध जाती रहे; आराम, चैन, नींद सब कुछ भूलकर तन्मयता आ जाय। यहाँ भी रूप की बाहरी निन्दा में उसकी प्रशंसा भरी है।

राजभोग से तृप्त न होकर मानों वे इस बार
हाथ पसार रहे हैं जाकर जिसके-तिसके द्वार
छोड़कर निज कुल और समाज।—यशोधरा

यहाँ यशोधरा के इन वचनों से बुद्ध की निन्दा टपकती है पर उससे उनके वैराग्य, सुख के प्रति उदासीनता और सबके लिए स्नेह की अभिव्यक्ति होने से व्याजस्तुति है।

स्तुति से निन्दा की प्रतीति

ऊधो तुम अति चतुर सुजान।
जे पहिले रँग रँगी स्याम रँग तिन्ह न चढ़ै रँग आन।

यहाँ उद्धव की प्रशंसा में निन्दा छिपी है।

आत्मज्ञान-हीन वह मुग्धा वही ज्ञान तुम लाये,
धन्यवाद है, बड़ी कृपा की, कष्ट उठाकर आये।—गुप्त

यहाँ भी राधा को ज्ञान का उपदेश देने वाले शुष्क दार्शनिक उद्धव की इस बाहरी प्रशंसा से उनकी यह निन्दा व्यक्त होती है कि तुम इतने अविवेकी हो कि कि पात्रापात्र का विचार किये बिना सबको एक-सा उपदेश देते चलते हो।

सूर के भ्रमर-गीत अथवा पद्माकर की गंगा-लहरी में व्याजस्तुति के अच्छे और प्रचुर उदाहरण मौजूद हैं।

---

1. उक्ता व्याजस्तुतिः पुनः निन्दास्तुतिभ्यां वाच्याभ्यां गम्यत्वे स्तुति-निन्दयोः।—सा०द०

आक्षेप

विशेषता-सम्पादन के लिये विवक्षित वस्तु का निषेध-सा करना आक्षेप अलंकार है।[1]

आक्षेप का अर्थ है डालना, छोड़ देना;[2] तात्पर्य यह कि किसी विवक्षित वस्तु को बिना पूरा किये, बीच में ही छोड़ देना। इस प्रकार की आकस्मिक विरति से अर्थ में कोई असंगति या असम्बद्धता नहीं आती बल्कि वक्तव्य में उससे और भी प्रभाव और विशेषता आ जाती है। अपने प्रतिदिन के व्यवहार में हम इस पद्धति से बड़ी सहायता लेते हैं। जैसे कोई कहे कि 'आपसे कहना तो बहुत-कुछ था पर उससे लाभ क्या होगा' अथवा 'उनके सम्बन्ध में जितनी बातें हैं, उन्हें जानकर क्या कीजिएगा?' ऐसे वाक्यों में वक्ता के कहने का अभिप्राय अपनी बात कहने का तो रहता ही है पर इस निषेधात्मक प्रणाली से दूसरे की दिलचस्पी बढ़ने के साथ अपने वक्तव्य में प्रभावोत्पादकता भी आ जाती है। इसीलिए ऐसे स्थलों में जो निषेध प्रयुक्त होता है, उसे निषेध न कह निषेधाभास कहते हैं—वहाँ निषेध की प्रधानता या वास्तविकता नहीं रहती—उसकी झलक मात्र रहती है।

उक्तवस्तुगत

भये बटाऊ नेह तजि, बादि बकति बेकाज।
अब अलि देत उराहनो, उर उपजति अति लाज॥

'अरी सखी! ये (नायक की ओर बताकर) तो नेह ठुकराकर राही हो रहे हैं (विदेश जा रहे हैं), अब व्यर्थ की इन बातों को कहने से क्या लाभ? अब तो उलाहना देने में भी मन को लाज लगती है।' यहाँ नायक को उलाहना देना अभीष्ट है पर 'बादि बकति बेकाज' कहकर अपने कथन को अधिक जोरदार बनाने के लिए उसका निषेध किया गया है। इस भाँति आक्षेप है।

सुनो हे राम! कंटक आप हूँ मैं।
कहूँ क्या और बस चुपचाप हूँ मैं॥—साकेत

यहाँ कैकेयी को बोलना अभीष्ट रहते हुए भी द्वितीय चरण से उसका निषेध-सा किया गया है, अतः आक्षेप अलंकार है।

विरोधाभास

दो वस्तुओं में वस्तुतः विरोध न रहने पर भी विरोध की प्रतीति विरोधाभास अलंकार है।[3]

---

1. वस्तुनो वक्तुमिष्टस्य विशेषप्रतिपत्तये निषेधाभास आक्षेपः।—सा०द०
2. आक्षेप वक्तुमिष्टस्य आकर्षणम् असमाप्तावेव विरतीकरणम्।
3. आभासत्वे विरोधस्य विरोधाभास इष्यते।—कुवलयानन्द

विरोधाभास का अर्थ है विरोध का आभास (झलक)। नाम से ही स्पष्ट है कि इसमें भी विरोध-सा झलकता है। यह विरोध प्राय: शब्दाश्रित ही होता है, अर्थाश्रित नहीं। अर्थ की ठीक अवगति होने पर विरोध दूर हो जाता है।

विरोधाभास को ही विरोध नाम से भी कहा गया है।

सुनाई किसने पल में आन
कान में मधुमय मोहक तान?
''तरी को ले जाओ मँझधार
डूबकर हो जाओगे पार।''—महादेवी

''डूबकर पार हो जाओगे'' कहने पर स्पष्ट ही विरोधाभास है।

भर लाऊँ सीपी में सागर
प्रिय! मेरी अब हार विजय क्या?—महादेवी

सीपी में भला सागर कैसे भरा जा सकता है? अत: यहाँ भी विरोधाभास है।

तंत्री-नाद , कवित्त-रस, सरस राग, रति-रंग।
अनबूड़े बूड़े तिरे जे बूड़े सब अंग॥

'जो तंत्रीनाद आदि में अनबूड़े (नहीं डूबे) वे ही बूड़े (डूब गये) और जो बूड़े (डूबे) वे तिरे (पार कर गये)' ऐसा कहना विरोधसूचक है। 'नहीं डूबनेवाले डूब गये और डूबनेवाले पार हो गये'। तात्पर्य यह है कि जो इनमें लीन हुए, उन्हीं का जन्म सार्थक है और जो इनसे दूर रहे उनका जन्म निरर्थक। सच्ची सहृदयता इनमें लीन होने में ही है। यहाँ दो क्रियाओं—अनबूड़े-बूड़े और तिरे-बूड़े का परस्पर विरोध है।

विभावना

कारण के अभाव में कार्य की उत्पत्ति का वर्णन विभावना अलंकार है।[1]

विभावना का अर्थ है विशिष्ट (वि) कल्पना (भावना)। कारण के अभाव में कार्योत्पत्ति का कथन विशिष्ट कल्पना से ही सम्भव है। सामान्य और प्रसिद्ध कल्पना तो यही है कि कारण के रहने पर ही कार्य उत्पन्न होता है पर कारण के न रहने पर कार्य का उत्पन्न होना विशिष्ट कल्पना के द्वारा ही प्रतिपादित हो सकता है, इसीलिए इसे विभावना कहते हैं।

कारण के अभाव में कार्योत्पत्ति का वर्णन सर्वथा अस्वाभाविक और असम्भव है। कारण के अभाव में कार्य उत्पन्न हो ही नहीं सकता पर जहाँ इस प्रकार का वर्णन रहता है वहाँ भी प्रसिद्ध कारण को छोड़कर कारणान्तर अवश्य होता है। इस अलंकार का तत्व यही है कि प्रसिद्ध कारण का अभाव-वर्णन कर अप्रसिद्ध

---

1. विभावना बिना हेतुं कार्योत्पत्तिर्यदुच्यते।—सा०द०

कारणान्तर के योग से कार्य की उत्पत्ति का वर्णन हो। और, इस प्रकार के वर्णन में चमत्कार की स्थिति अनिवार्यतया होनी चाहिए, तभी उसे अलंकार कहेंगे, अन्यथा नहीं। 'पढ़े बिना भी वह पास कर गया' ऐसे वाक्यों में चमत्काराभाव के कारण विभावना अलंकार नहीं मान सकते।

प्रथम विभावना

कारण के अभाव में कार्य का होना।

बिनु पद चलै सुनै बिनु काना। कर बिनु कर्म करै बिधि नाना॥
आनन रहित सकल रस भोगी। बिन बानी बकता बड़ जोगी॥

यहाँ पैर (कारण) के अभाव में चलना (कार्य) कहा गया है। वैसे ही कान के बिना सुनना, हाथ के बिना कार्य करना आदि में भी कारण के अभाव में कार्य का कथन है।

सून्य भित्ति पर चित्र, रंग नहिं, तनु-बिनु लिखा चितेरे।

यहाँ रंग और शरीर के बिना शून्य भित्ति पर चित्र लिखना कारण के अभाव में कार्य की उत्पत्ति का वर्णन है।

द्वितीय विभावना

अपर्याप्त कारण से कार्य की उत्पत्ति का वर्णन।

काम कुसुम-धनु-सायक लीन्हें। सकल भुवन अपने बस कीन्हें॥

फूल के धनुष-बाण से सारे विश्व को वश में करना अपर्याप्त कारण से कार्य की उत्पत्ति का कथन है।

तिय कत कमनैती पढ़ी, बिनु जिह भौंह कमान।
चल चित बेधत चुकत नहिं, बंक बिलोकनि बान॥

प्रत्यंचायुक्त धनुष और सीधे बाणों से ही लक्ष्य बेधा जाता है। यहाँ भौंहरूपी कमान बिना डोरी (प्रत्यंचा) के हैं और नयनरूपी बाण सीधे नहीं टेढ़े हैं; फिर भी चंचल चित्त का निशाना ठीक लगता है। क्या तीरंदाजी है! यहाँ भी अपर्याप्त कारणों (प्रत्यंचारहित धनुष और टेढ़े बाणों) से लक्ष्यवेधरूप कार्य की निष्पत्ति होती है।

तृतीय विभावना

प्रतिबन्धक के रहते हुए भी कार्य का हो जाना।

नैना नेकु न मानहीं, कितो कहौं समुझाय।
ये मुँहजोर तुरंग लौं, ऐंचत हू चलि जायँ॥

रोकने पर भी नयनों का न मानना, प्रतिबन्धक के रहते हुए भी कार्य का हो जाना कहा जायेगा।

रुद्ध भी तुम्हारी गिरा जगती में गूँजी है।

देखो, यह सारी सृष्टि पुलकित हो गयी॥—यशोधरा

रुद्ध होना वाणी के गूँजने में प्रतिबन्धक है तो भी वाणी का गूँजना कहा गया है।

चतुर्थ विभावना

अकारण से कार्य की उत्पत्ति का वर्णन। (जो जिसका कारण नहीं है उससे उसकी उत्पत्ति कही जाय।)

हँसत बाल के बदन में, यों छबि कछू अतूल।

फूली चंपक-बेलि तें, झरत चमेली फूल॥

चम्पक-बेलि से चम्पक के ही फूल झड़ सकते हैं पर यहाँ चम्पक-बेलि से चमेली के फूलों का झड़ना कहा गया है, जो उसका कारण नहीं है।

चंपलता से उड़ि रही, गहब गुलाब सुबास।

रैन अमावस से लखो, प्रगट्यो परत प्रकास॥

न तो गुलाब की गन्ध का कारण चम्पकलता है, न प्रकाश का कारण अमावस्या की रात, पर उन्हीं से इनकी उत्पत्ति कही गयी है, अत: यहाँ अकारण से कारण की उत्पत्ति है।

पंचम विभावना

विरुद्ध कारण से कार्य की उत्पत्ति का वर्णन।

आग हूँ जिससे ढलकते विन्दु हिमजल के।—महादेवी

यहाँ आग से हिमजल का ढलकना कहा गया है जो विरुद्ध कारण से कार्य की उत्पत्ति है।

पौन सों जागत आगि सुनी ही पै

पानी सों लागत आजु मैं देखी।—घनानन्द

यहाँ पानी जैसे विरुद्ध कारण से आग लगने के कार्य का वर्णन है। कहने का अभिप्राय है कि आँसू से विरहाग्नि प्रज्वलित हो रही है।

षष्ठ विभावना

कार्य से कारण की उत्पत्ति बताना।

और नदी-नदन तें, कोकनद होत तेरी।

कर कोकनद नदी-नद प्रगटत है।

संसार में नदी-नद से कोकनद (कमल) की उत्पत्ति होती है पर यहाँ तुम्हारे कर-कमल से ही नदी-नद की उत्पत्ति हो रही है(दान के समय संकल्प के जल के आधिक्य के कारण नदी-नद बह चलते हैं)। यहाँ कार्य (कमल) के कारण

(नदी) का उत्पन्न होना कहा गया है।

हाय उपाय न जाय कियो ब्रज बूड़त है बिन पावस पानी।
धारन तें अंसुवान की है चख मीनन तें सरिता सरसानी॥

यहाँ मीन (कार्य) से नदी (कारण) की उत्पत्ति कही गयी है। (नेत्ररूपी मछलियों से आँसू के प्रवाह के कारण नदी बन गयी है। नियम है कि नदी में मछलियाँ उत्पन्न होती हैं। यहाँ मछलियों से ही नदी उत्पन्न हो रही है।)

विशेषोक्ति

कारण के रहते हुए भी कार्य का न होना विशेषोक्ति अलंकार है।[1]

विशेषोक्ति का अर्थ है खास तरह की उक्ति—सामान्य उक्ति से विलक्षण, विशेष प्रकार की उक्ति। विशेषोक्ति में कारण का कथन रहता है, फिर भी कार्य का अभाव बताया जाता है। यह विलक्षण बात है कि कारण के रहते हुए भी कार्य न हो। इसी विशेषता के आधार पर इस अलंकार का नाम विशेषोक्ति पड़ा है।

अब छूटत नहीं छुड़ाये रंग गया हृदय है ऐसा।
आँसू से धुला निखरता यह रंग अनोखा ऐसा॥—प्रसाद

यहाँ छुड़ाने पर भी रंग के नहीं छूटने में कारण के होते हुए भी कार्य का अभाव है।

है बहुत बरसी धरित्री पर अमृत की धार;
पर नहीं अब तक सुशीतल हो सका संसार।—दिनकर

यहाँ कारण वर्तमान है पर कार्य का अभाव कहा गया है—अमृत की धार बरसने पर भी संसार शीतल नहीं हो सका। कारण (अमृत की धार बरसना) किन्तु कार्य का अभाव (संसार का शीतल न होना)।

असंगति

कारण कहीं (अन्यत्र) और कार्य कहीं (अन्यत्र) हो तो असंगति अलंकार होता है।[2]

असंगति का अर्थ है न (नहीं) संगति (साथ)-साथ नहीं होना—कारण और कार्य में संगति या साहचर्य का अभाव। नियम यह है कि जहाँ कारण रहता है वहीं कार्य भी होता है, जैसे आग दिल्ली में लगे तो उसकी गर्मी का अनुभव कलकत्ते में नहीं होगा, उससे हानि कलकत्ते में नहीं होगी। कारण जहाँ है, कार्य भी वहीं होगा। इस नियम के विपरीत असंगति में कारण कहीं और कार्य कहीं देखा जाता है। असंगति में विरोध का कुछ-न-कुछ आभास सर्वत्र रहता है।

---

1. सति हेतो फलाभावः विशेषोक्तिनिगद्यते।—सा०द०
2. कार्यकारयोर्भिन्नदेशतायामसंगतिः।—सा०द०

विरोध के आभास के अभाव में कारण और कार्य की भिन्नदेशता में भी यह अलंकार नहीं होता। यहाँ कार्य-कारण-भाव से जन्य-जनक-भाव मात्र नहीं समझना चाहिए, वह एकत्र स्थिति मात्र का उपलक्षण है; तभी कई स्थलों पर कार्य-कारण-भाव के अभाव (केवल ऐकाधिकरण्य) में भी असंगति होती है।

दृग उरझत टूटत कुटुम, जुरत चतुर-चित प्रीति।

परत गाँठ दुरजन हिये, दई नई यह रीति॥

यहाँ उलझती हैं आँखें (अतः टूटना भी उन्हें ही चाहिए क्योंकि जो चीज उलझती है वही टूटती है) पर टूटता है कुटुम्ब से सम्बन्ध। फिर जो चीज टूटती है वही पीछे जुड़ती है; यहाँ टूट तो रहा है कुटुम्ब (से सम्बन्ध) और जुड़ रहा है चतुरों के हृदय का प्रेम। वैसे ही जहाँ कोई वस्तु जोड़ी जाती है गाँठ भी वहीं पड़ती है पर यहाँ जुड़ रही है प्रेमियों के हृदय की प्रीति और गाँठ पड़ रही है दुर्जनों के हृदय में। इस प्रकार सर्वत्र कारण कहीं है और कार्य कहीं हो रहा है। असंगति का यह बड़ा ही सुन्दर उदाहरण है।

मेरे जीवन की उलझन, बिखरी थीं उनकी अलकें।

पी ली मधु मदिरा किसने, थीं बन्द हमारी पलकें॥—प्रसाद

यहाँ उलझन में पड़ा है कोई और अलकें बिखरी हैं किसी की; मदिरा पी किसी ने और सुरूर चढ़ा किसी पर। यह भी कोई ढंग है कि पीये कोई और आँखें झिपें किसी और की; उलझन से परेशान हो कोई और लटें बिखरी हों किसी और की। तभी तो आलंकारिकों ने इसे असंगति कह दिया है।

विषम

यदि दो विरूप (बेमेल) पदार्थों का सम्बन्ध बताया जाय; तो विषम अलंकार होता है।[1]

विषम का अर्थ है बेमेल-बेजोड़। इस अलंकार में ऐसे ही पदार्थों की संघटना रहती है जो आपस में बेमेल होते हैं। प्रायः इसमें 'कहीं' आदि पदों के द्वारा वैषम्य सूचित करते हैं।

को कहि सकै बड़ेन की, लखे बड़ी हू भूल।

दीन्हें दई गुलाब के, इन डारन ये फूल॥

कहाँ तो गुलाब की कँटीली डाल और कहाँ ऐसे सुन्दर फूल। इन दो बेमेल वस्तुओं का एकत्रीकरण विधाता की बुद्धिहीनता का ही तो परिणाम है।

अभिषेक कहाँ, वनवास कहाँ?

है नहीं क्षणिक विश्वास यहाँ।—साकेत

यहाँ अभिषेक और वनवास इन दो बेमेल वस्तुओं की संघटना है।

---

1. विरूपयोः संघटना या च तद्विषमं मतम्॥—सा०द०

सम

यदि परस्पर अनुरूप वस्तुओं का योग्य सम्बन्ध वर्णित हो तो सम अलंकार होता है।[1]

सम का अर्थ है सदृश, समान, बराबर। इसमें सदृश पदार्थों की एकत्र अवस्थिति रहती है। यह विषम का प्रतिलोम है।

नैन सलोने, अधर मधु, कहु 'रहीम' घटि कौन।
मीठो भावै नोन पै, औ मीठे पै नोन॥

यहाँ 'सलोने नैन' और 'मधु अधर' का अनुरूप सम्बन्ध वर्णित होने से सम अलंकार है।

मिल रहे नवल बेलि-तरु, प्राण।
शुकी-शुक, हंस-हंसिनी संग,
लहर-सर, सुरभि-समीर विहान,
मृगी-मृग, कलि-अलि, किरण-पतंग। —पंत

यहाँ सम की माला है।

भुजलता पड़ी सरिताओं की
शैलों के गले सनाथ हुए
जलनिधि का अंचल व्यजन बना
धरणी का, दो-दो साथ हुए।—कामायनी

यहाँ सरिताओं और शैलों तथा समुद्र और पृथ्वी का अनुरूप सम्बन्ध कहा गया है अत: सम अलंकार है।

कारणमाला

यदि पूर्व-पूर्व कथित पदार्थ उत्तरोत्तर कथित पदार्थों के कारण-रूप से वर्णित होते चलें तो कारणमाला अलंकार होता है।[2]

जैसा नाम से ही स्पष्ट है, कारणमाला का अर्थ है कारणों की माला। जैसे अनेक फूलों को गूँथने से माला तैयार होती है, वैसे ही इस अलंकार में अनेक कारण एकत्र परस्पर पिरोये रहते हैं—पूर्व-पूर्व कथित पदार्थ उत्तरोत्तर कथित पदार्थों के कारण बनते जाते हैं। इस प्रकार अनेक कारणों की शृंखला बन जाने से इसे कारणमाला कहते हैं।

होत लोभ ते मोह, मोहहिं ते उपजे गरब।
गरब बढ़ावे कोह, कोइ कलह कलहहु व्यथा।—अ०कौ०

---

1. समं स्यादानुरूप्येण श्लाघा योग्यस्य वस्तुन:॥—सा०द०
2. परं परं प्रति यदा पूर्वपूर्वस्य हेतुता, तदा कारणमाला स्यात्।—सा०द०

यहाँ लोभ मोह का, मोह गर्व का, गर्व क्रोध का, क्रोध कलह का और कलह व्यथा का कारण कहा गया है, अत: कारणों की माला-सी बन गयी है। इसलिए इस उदाहरण में कारणमाला अलंकार है।

बिनु बिस्वास भगति नहिं, तेहि बिनु द्रवहिं न राम।
राम कृपा बिनु सपनेहुँ, जीव न लह विश्राम॥

यहाँ विश्वास भक्ति का, भक्ति राम-कृपा का और राम-कृपा जीव की शान्ति का उत्तरोत्तर कारण बतायी गयी है, अत: कारणमाला अलंकार है। पूर्वोक्त उदाहरण में विधि-मुख से और इसमें निषेध-रूप से कारणमाला की निष्पत्ति है।

सच्चा जहाँ है अनुराग होता, वहाँ स्वयं ही बस त्याग होता।
होता जहाँ त्याग वहीं सुमुक्ति है, सुमुक्ति के सम्मुख तुच्छ भक्ति है॥

यहाँ अनुराग त्याग का और त्याग मुक्ति का कारण कहा गया है।

एकावली

यदि पूर्व-पूर्व वस्तु के प्रति पर-पर वस्तु का विशेषण-रूप से स्थापन या निषेध हो तो एकावली अलंकार होता है।[1]

एकावली का अर्थ है हार या माला। जिस प्रकार अनेक कड़ियों को परस्पर पिरोकर एक लड़ी या हार तैयार करते हैं, वैसे ही 'एकावली' में अनेक वस्तुओं की—परस्पर विशेष्य-विशेषण-भाव से निबद्ध कई कड़ियों की—एक 'अबल' या लड़ी बनती है। कहीं तो विशेष्य-विशेषण-सम्बन्ध की स्थापना होती है और कहीं निषेध।

विशेषण रूप से स्थापन

मानुष वही जो हो गुनी, गुनी जो कोबिद रूप।
कोबिद जो कविपद लहै, कवि जो उक्ति अनूप॥

यहाँ 'मानुष' विशेष्य और 'गुनी' उसका विशेषण है; आगे चलकर यह 'गुनी' ही विशेष्य हो जाता है और 'कोबिद' उसका विशेषण, फिर 'कोबिद' विशेष्य, 'कवि' विशेषण और अन्त में 'कवि' विशेष्य और 'अनूठी उक्तिवाला' उसका विशेषण है। इस प्रकार अनेक वस्तुएँ परस्पर विशेष्य-विशेषण-सम्बन्ध से जुड़ी हुई हैं—पूर्व-पूर्व वस्तुएँ विशेष्य और उत्तरोत्तर विशेषण बनती चलती हैं। यहाँ विशेषण-रूप से स्थापना है।

विशेषण रूप से निषेध

गेह न कछु बिन तनय जो, तनय न विनय-विहीन।
विनय न कछु विद्या बिना, विद्या बुधि बिन खीन॥

---

1. पूर्व पूर्व प्रति विशेषणत्वेन परं परम्।
स्थाप्यतेऽपोह्यते वा चेत् स्यात्तदेकावली द्विधा॥—सा०द०

यहाँ पूर्व-पूर्व कथित गेह आदि विशेष्यों के प्रति उत्तरोत्तर कथित तनय आदि विशेषण-रूप से उपन्यस्त हैं और 'न' से निषेध है।

सार

वस्तुओं का उत्तरोत्तर उत्कर्षवर्णन सार अलंकार है।[1]

सार का अर्थ उत्कृष्ट अंश अर्थात् विशेषता। इसमें पूर्व-पूर्व वस्तु की अपेक्षा उत्तरोत्तर वस्तु की विशेषता या उत्कर्ष बताया जाता है। इसीलिए इसे सार कहते हैं। सार का दूसरा नाम 'उदार' भी है।

कुछ लोगों ने उत्तरोत्तर अपकर्ष-वर्णन में भी सार अलंकार माना है।

उत्कर्ष में सार

सब मम प्रिय सब मम उपजाये।
सब से अधिक मनुज मोहिं भाये॥
तिन मँह द्विज द्विज महँ श्रुति धारी।
तिन महँ निगमनीति अनुसारी॥
तिन महँ पुनि बिरक्त पुनि ज्ञानी।
ज्ञानिहु ते अति प्रिय विज्ञानी।
तिन ते मोहि अति प्रिय निज दासा।
जेहि गति मोर न दूसर आसा॥

यहाँ और सबों की अपेक्षा मनुष्य, मनुष्यों में ब्राह्मण, उनमें भी वेदज्ञ, उनमें वेदानुसार आचरण करनेवाले, उनकी अपेक्षा विरक्त, फिर ज्ञानी, विज्ञानी और उनमें भी भगवत् भक्त का क्रमशः उत्कर्ष बताया गया है, इसलिए सार अलंकार है।

अति ऊँचे गिरि, गिरि से भी ऊँचे हरि पद हैं।
उनसे भी ऊँचे सज्जन के हृदय विशद हैं॥

यहाँ पर्वत की अपेक्षा भगवान् के चरण और चरणों की अपेक्षा सज्जनों के हृदय का उत्कर्ष वर्णित होने से सार अलंकार है।

काव्यलिंग

यदि वाक्यार्थ अथवा पदार्थ किसी कथन का कारण हो तो काव्यलिंग अलंकार होता है।[2]

लिंग का अर्थ है कारण, अतः काव्यलिंग का अर्थ होगा काव्य का कारण अर्थात् ऐसा कारण जिसका काव्य में उपयोग होता है। काव्य लिंग में किसी वाक्य या पद का अर्थ किसी कथनविशेष का कारण बनकर आता है। इसमें कारण-कार्य

---

1. उत्तरोत्तरमुत्कर्षः वस्तुनः सार उच्यते।—सा०द०
2. हेतोर्वाक्यपदार्थत्वे काव्यलिंग निगद्यते।—सा०द०

के सम्बन्ध के वाचक—क्योंकि, इसलिए, चूँकि आदि—शब्दों की कल्पना करके अर्थ किया जाता है। कहीं तो पूरा वाक्यार्थ ही कारण के रूप में आता है और कहीं केवल पदार्थों से ही काम चल जाता है। इसी आधार पर इसके वाक्यार्थगत और पदार्थगत दो भेद होते हैं।

वाक्यार्थगत काव्यलिंग

मरन भलो बरु बिरह ते, यह बिचार चित जोय।
मरन मिटै दुख एक को बिरहु दुहूँ दुख होय॥

प्रथम चरण में मरण बिरह से अच्छा कहा गया है, अतः यहाँ यह प्रश्न स्वभावतः उठता है कि 'क्यों', 'कैसे' और इस क्यों का उत्तर मिलता है उत्तरार्द्ध से—विरह में दोनों का दुःख होता है, पर मरण में कम-से-कम एक (मरनेवाले) का दुःख दूर हो जाता है। चूँकि विरह में दोनों को दुःख होता है और मरण में एक का दुःख तो दूर हो जाता है इसीलिए मरना विरह की अपेक्षा अच्छा है। तो यहाँ मरना विरह से अच्छा है, यह कथन बिना कोई कारण दिये ठीक बैठता नहीं। यहाँ सारे उत्तरार्द्ध के आधार पर ही पूर्वार्द्ध संगत होता है, उत्तरार्द्ध-रूप वाक्य का अर्थ प्रथम चरण के कारण के रूप में कहा गया है, अतः वाक्यार्थनिष्पन्न काव्यलिंग है।

कनक-कनक तें सौ गुनी, मादकता अधिकाय।
उहि खाये बौरात नर, इहि पाये बौराय॥

बड़ी विचित्र बात है—धतूरे से नशा होते तो देखा गया है, पर सोने से नशा होते न देखा गया, न सुना; वह भी थोड़ा नहीं, धतूरे के नशे से सौ गुना अधिक। जब तक इस कथन के लिए कोई कारण न दिया जाय तब तक इस प्रकार की ऊट-पटांग बात कोई मान कैसे सकता है? वही कारण उत्तरार्द्ध में उपस्थित है—धतूरे की अपेक्षा सोने को सौ गुना अधिक मादक क्यों न कहा जाय जब धतूरा तो खाने पर नशा करता है पर सोने (सम्पत्ति) को पाने मात्र से मनुष्य बावला हो जाता है। यहाँ सम्पूर्ण उत्तरार्द्ध का अर्थ पूर्वार्द्धगत अर्थ की निष्पत्ति का कारण है।

स्याम-गौर किमि कहौं बखानी। गिरा अनयन नयन बिनु बानी॥

राम-लक्ष्मण के सौन्दर्य-वर्णन की असमर्थता का कारण वाणी का नयनहीन और नयन का वाणीहीन होना कहा गया है। जिन आँखों ने सौन्दर्य देखा वे बोल नहीं सकतीं और जिस वाणी को बोलने की शक्ति प्राप्त है उसने देखा नहीं। ऐसी दशा में सौन्दर्य का वर्णन हो तो कैसे?

अर्थान्तरन्यास

यदि सामान्य का विशेष से या विशेष का सामान्य से समर्थन हो तो अर्थान्तरन्यास अलंकार होता है।[1]

---

1. सामान्येन विशेषस्य विशेषेण सामान्यस्य वा समर्थनम् अर्थान्तरन्यासः।—जगन्नाथ

अर्थान्तरन्यास का अर्थ है अर्थान्तर (दूसरे अर्थ) का न्यास (रखना) अर्थात् जहाँ एक बात के समर्थन के लिए दूसरी बात कहें, वहाँ अर्थान्तरन्यास अलंकार होता है। सामान्य का अर्थ है अधिकदेशव्यापी—जिसका क्षेत्र विस्तृत हो—जो बहुतों पर लागू हो। विशेष का अर्थ है अल्पदेशव्यापी—जिसका क्षेत्र सीमित हो—जो थोड़े पर ही लागू हो। जैसे, वृक्ष सामान्य शब्द है और आम विशेष क्योंकि वृक्ष कहने से सभी वृक्षों—आम, जामुन, कटहल, इमली आदि—का बोध होता है, वह अधिक देशव्यापी है, पर आम विशेष है, इसलिए कि वह एक ही वृक्ष का बोध करा सकता है, 'वृक्ष' की अपेक्षा वह अल्पदेशव्यापी है, उसका क्षेत्र सीमित है।

इस अलंकार का मूल आधार सामान्य-विशेष-भाव है। कहीं तो पहले सामान्य बात कहकर उसकी पुष्टि के लिए विशेष बात कहते हैं और कहीं विशेष ही कहकर सामान्य से उसकी पुष्टि (समर्थन) करते हैं। एक बात ध्यान में रखनी चाहिए कि सामान्य से सामान्य के अथवा विशेष से विशेष के समर्थन में यह अलंकार नहीं हो सकता।

सामान्य का विशेष से समर्थन

जो 'रहीम' उत्तम प्रकृति, का करि सकत कुसंग।
चंदन विष व्यापत नहीं, लिपटे रहत भुजंग॥

यहाँ पूर्वार्द्धगत सामान्य अर्थ है—कुसंगति अच्छी प्रकृति वालों का कुछ नहीं बिगाड़ सकती है और उत्तरार्द्ध के विशेष अर्थ से उसका समर्थन है—सर्प लिपटे रहते हैं पर चन्दन में विष व्याप्त नहीं होता।

कोटि जतन कोऊ करौ, परै न प्रकृतिहिं बीच।
नलबल जल ऊँचौ चढ़ै, अंत नीच को नीच॥

पूर्वार्द्ध सामान्य वाक्य है, जिसका उत्तरार्द्ध के विशेष वाक्य से समर्थन है।

विशेष का सामान्य से समर्थन

उड़ाती है तू घर में कीच।
नीच ही होते हैं बस नीच॥—साकेत

प्रथम चरण मन्थरा को इंगित कर कहा गया है, जो विशेष है और द्वितीय चरण से उसका समर्थन किया गया है, जो सामान्य रूप है।

सन्तुष्ट मुझे तुम देख रही हो वन में,
सुखधन-धरती में नहीं, किन्तु निज मन में।—साकेत

यहाँ पूर्वार्द्ध विशेष का उत्तरार्द्ध सामान्य से समर्थन है।

यथासंख्य

उद्दिष्ट पदार्थों का क्रमशः अनुनिर्देश यथासंख्य अलंकार है।[1]

यथासंख्य का अर्थ है संख्या के अनुसार। इसमें एक क्रम से पहले कुछ पदार्थ उद्दिष्ट होते हैं—कहे जाते हैं और फिर उसी क्रम से—जिस क्रम से पहले कथन हुआ रहता है—उनका अनुनिर्देश कर दूसरे पदार्थों से अन्वय किया जाता है। इसे 'क्रम' अलंकार भी कहते हैं।

अमिय, हलाहल, मद भरे, स्वेत, स्याम, रतनार।
जियत, मरत, झुकि-झुकि परत, जेहि चितवत इक बार॥

यहाँ प्रथम चरण में जिस क्रम से अमिय, हलाहल और मद का कथन है, उसी क्रम से प्रत्येक का द्वितीय और तृतीय चरणों में अन्वय किया जाता है, अमिय-स्वेत-जियत (अमृत का वर्ण श्वेत और काम है जिलाना); हलाहल-स्याम-मरत (हलाहल का वर्ण कृष्ण और काम है मारना); मद रतनार-झुकि-झुकि परत (मद का वर्ण लाल है और काम है नशा करना)); इस तरह संख्यानुसार अन्वय करने पर इस कविता का चमत्कार और भी निखर उठता है।

मनि मानिक मुकता छबि जैसी।
अहि गिरि गजसिर सोह न तैसी॥

यहाँ प्रथम चरण में मणि, माणिक्य और मुक्ता का जिस क्रम से कथन है, द्वितीय चरण में उसी क्रम से उनका अन्वय करना पड़ता है। मणि सर्प के सिर पर, माणिक्य पर्वत पर और मुक्ता हाथी के मस्तक पर उत्पन्न होती है पर वहाँ उनकी वास्तविक सुन्दरता खिलती नहीं है।

वसन्त ने सौरभ ने पराग ने,
प्रदान की थी अतिकान्त भाव से।
वसुन्धरा को पिक को मिलिन्द को,
मनोज्ञता मादकता मदान्धता।—प्रि०प्र०

वसन्त ने वसुन्धरा को मनोज्ञता, सौरभ ने पिक को मादकता और पराग ने मिलिन्द को मदान्धता प्रदान की थी। इस प्रकार यहाँ यथाक्रम अन्वय करना पड़ता है।

अर्थापत्ति

दण्डापूपिका न्याय से अन्य अर्थ का आक्षेप अर्थापत्ति अलंकार है।[2]

---

1. उद्दिष्टानां क्रमेण अनुनिर्देशः यथासंख्यम्।—रुय्यक
   यथासंख्यमनुद्देश उद्दिष्टानां क्रमेण यत्।—सा०द०
2. दण्डापूपिकाऽन्यार्थागमोऽर्थापत्तिरुच्यते।—सा०द०

अर्थापत्ति का अर्थ है अर्थ का आक्षेप (आपत्ति—आ पड़ना—) उक्त के आधार पर अनुक्त की अनायास कल्पना। अर्थापत्ति में प्राय: दण्डापूपिका न्याय का उल्लेख किया जाता है। मान लीजिये कि किसी लोहे के छड़ में पूआ खोंसकर रख दिया गया। दूसरे दिन पूआ माँगने पर उसे रखनेवाले ने कहा कि पूये को कौन कहे, चूहा तो वह छड़ भी खा गया, जिसमें पूआ खोंसकर रखा था। तो इस प्रकार लोहे के छड़ को खाने से पूए का खा लेना अनायास सिद्ध हो जाता है। लोहे-जैसा कठोर अखाद्य पदार्थ जो खा जाय, उसके लिए पूए जैसे सुकोमल और सुस्वाद पदार्थ का खाया जाना स्वयंसिद्ध है। इसी को दण्डापूपिकान्याय कहते हैं। दण्ड का अर्थ है डण्डा (छड़) और अपूपिका का पूआ, डण्डे और पूए का न्याय (ढंग)। एक दूसरा उदाहरण लीजिए—कोई कहता है 'मोहन दिन को नहीं खाता फिर भी खूब मोटा-ताजा है।' इससे अनायास यह बात निकलती है कि दिन को नहीं तो रात को भरपूर खाता है। यहाँ कहा गया है दिन को नहीं खाना, फिर भी मोटा रहना, उससे रात के भरपूर खाने का आक्षेप किया जाता है क्योंकि मोटा-ताजा जो है। रात को भी नहीं खाने से तो चीं ही बोल देना होगा, मोटे-ताजे की तो बात दूर ही रही! तो यहाँ भी उक्त के आधार पर अनुक्त की कल्पना की जाती है।

अर्थापत्ति वस्तुत: प्रमाण के रूप में दर्शनशास्त्र का विषय है पर अनुमान आदि की तरह चमत्कारविशिष्ट रहने से अलंकार में भी इसे स्थान मिल गया है।

अथवा एक परस में ही जब
तरस रही मैं इतनी
होगी विकल न जाने तब वह
सदा-संगिनी कितनी? —गुप्त

कुब्जा की उक्ति है—कृष्ण के एक ही स्पर्श के बाद उनसे वियुक्त होकर जब मुझे इतनी बेकली है तो उनसे बिछुड़कर सदा साथ रहनेवाली बेचारी राधा की कैसी दशा होगी। यहाँ एक स्पर्श से ही जब तरस की पराकाष्ठा है तो वियोग में वर्षों तक की संगिनी की अवस्था का बिना कहे ही अनुमान किया जा सकता है।

उसके आशय की थाह मिलेगी किसको,
जनकर जननी भी जान न पायी जिसको।—गुप्त

जिसके अन्तर का पता जब जननेवाली माता को ही नहीं मिला तो और किसी को नहीं मिलेगा, यह अर्थ स्वत: आक्षिप्त होता है।

परिसंख्या

एक वस्तु की अनेक स्थानों में स्थिति सम्भव होने पर भी अन्यत्र निषेध कर उसका एक स्थान में नियन्त्रण कर देना परिसंख्या अलंकार है।[1]

---

1. एकस्यानेकत्र प्राप्तावेकत्र नियमनं परिसंख्या।—रुय्यक

परिसंख्या का अर्थ है छोड़कर (परि) वर्णन करना (संख्या)[1] अर्थात् जिस प्रसंग में दूसरों का भी कथन किया जा सकता था, वहाँ और सबों को छोड़ किसी एक का ही कथन करना। तात्पर्य यह है कि यदि किसी वस्तु की स्थिति अनेकत्र सम्भव हो पर उनमें से औरों का निषेध कर एक स्थान में ही उसका रहना कहा जाय तो परिसंख्या अलंकार होता है। जैसे 'राम के राज्य में वक्रता केवल सुन्दरियों के कटाक्ष में थी'। यहाँ वक्रता की स्थिति कई जगह हो सकती है—मनुष्यों के हृदय में, उनके व्यवहार में आदि-आदि पर इस कथन द्वारा वक्ता का अभिप्राय है रामराज्य को सर्वथा निर्दोष बताना। अतः जहाँ-जहाँ वक्रता दोष के रूप में रह सकती है वहाँ से उसका निषेध कर वह एक ही स्थल में उसकी स्थिति बताना है जहाँ उसका उत्कर्ष ही है, अपकर्ष नहीं।

दण्ड जतिन् कर, भेद जहँ नर्त्तक नृत्य समाज।
जीत्यो मनसिज, सुनिय अस रामचन्द्र के राज॥

भगवान् राम के राज्य में दण्ड (डण्डा) केवल यतियों (संन्यासियों) के हाथ में रहता था। तात्पर्य यह है कि अपराध नहीं करने से दण्ड (सजा) किसी को नहीं भोगना पड़ता था। भेद (अन्तर, फूट) केवल नर्त्तकों के नृत्यों के प्रसंग में था; ताल के अनुसार उन्हें ही गति भेद करना पड़ता था, किसी व्यक्ति की किसी से फूट नहीं थी, सभी सप्रेम रहते थे। विजय केवल काम की सुनी जाती थी; एक-दूसरे पर आक्रमण कर विजय की इच्छा किसी को नहीं थी—सभी सुखसमन्वित थे, परस्पर शोषण की भावना नहीं थी।

यहाँ दण्ड, भेद और विजय का अन्य स्थानों से निषेध कर एकत्र रहना वर्णित है।

पावस ही में धनुष अब, नदी तीर ही तीर।
रोदन ही में लाल दृग, नवरस ही में वीर॥—वि० हरि

वर्तमान युग की दुरवस्था का चित्र है—अब धनुष केवल वर्षा ही में दिखाई पड़ता है (इन्द्रधनुष के रूप में), लोगों के हाथ में नहीं क्योंकि सभी निर्बल और कायर हो गये हैं। तीर शब्द नदी-तीर के लिए ही प्रयुक्त होता है, बाण के लिए नहीं। कारण पूर्वोक्त ही है। आँखें भी रोने से ही लाल होती हैं—दुःख से ही लोग आँसू बहाते हैं (उत्साह और बहादुरी का अभाव होने से क्रोध से किसी की आँखें लाल नहीं होतीं)। 'वीर' शब्द भी नवरस की चर्चा में ही यदा-कदा सुनाई पड़ जाता है—पृथ्वी ऐसी वीरविहीन हो गयी। इस प्रकार धनु, तीर, लाल दृग और

1. परिवर्जनेन संख्यानं वर्णनीयत्वेन गणनं परिसंख्या।—अ०सू०
परिसंख्या इतरवर्जनबुद्धिरिति व्युत्पत्तिः परिशब्दस्यवर्जनार्थत्वात् संख्या-शब्दस्य ज्ञानार्थत्वात्।—हरिदास वागीश (सा०द० टीका)

वीर को अन्यत्र व्यावृत्त कर एक स्थान में नियन्त्रित कर दिया गया है, इसलिए परिसंख्या है।

तद्‌गुण

अपने गुण को छोड़कर उत्कृष्ट गुण वाली दूसरी वस्तु के गुण को ग्रहण करना तद्‌गुण अलंकार है।[1]

तद्‌गुण का अर्थ है उसका (दूसरे का) गुण। इसमें कोई वस्तु अपना गुण छोड़कर अपने से उत्कृष्ट वस्तु का गुण ग्रहण करती है। इसमें अपना गुण छोड़कर दूसरे का गुण ग्रहण करना आवश्यक है।

हौं रीझी लखि रीझिहौ, छबिहिं छबीले लाल।
सोनजुही सी होत दुति, मिलत मालती माल॥

यहाँ चमेली की माला नायिका के अंग से मिलकर सोनजुही-सी दीखती है अर्थात् वह अपना श्वेत गुण त्यागकर नायिका की सुनहरी कान्ति ग्रहण कर रही है।

लखत नीलमनि होत अलि, कर बिद्रुम दिखरात।
मुकता को मुकता बहुरि, लख्यौ तोहि मुसकात॥—का०का०

मोती पर जब नायिका की दृष्टि पड़ती है तो वह नेत्रों की नीलिमा से नीला हो जाता है, हाथ में आने पर उसकी लाली ग्रहण कर वह मूँगे-सा दिखाई देता है और नायिका के हँसने पर दाँतों की उजली द्युति पड़ने से वह फिर मोती का मोती हो जाता है। यहाँ मोती जिस-जिस उत्कृष्ट गुण वाले के समीप जाता है, उसका गुण ग्रहण कर लेता है।

अरुण किरण-माला से रवि की,
निर्झर का चंचल उज्ज्वल जल,
बन सुवर्ण, पिघले सुवर्ण की,
धारा-सा बहता है अविरल।

यहाँ सूर्य की लाल किरणों के सम्पर्क में आने से निर्झर का जल अपनी उज्ज्वलता छोड़कर उस लालिमा को ग्रहण कर सुन्दर वर्णवाला बन जाता है, इसलिये तद्‌गुण अलंकार है।

अतद्‌गुण

सम्भव होने पर भी दूसरी वस्तु के गुण को ग्रहण न करना अतद्‌गुण अलंकार है।

अतद्‌गुण का अर्थ है उसके गुणों का न होना अर्थात् दूसरे के गुण का ग्रहण सम्भव होने पर भी उसे ग्रहण न करना। यह तद्‌गुण के विपरीत है।

---

1. तद्‌गुणः स्वगुणत्यागादत्युत्कृष्टगुणग्रहः।—सा०द०

धनि धनि चपला धन्य तव सहज ऊजरो गात।
जा में रँग घनस्याम को नेकहु नाहि समात॥

यहाँ एकत्र स्थित रहने से सम्भव होने पर भी घनश्याम के श्याम रंग का चपला के द्वारा ग्रहण न किया जाना कहा गया है, अतः अतद्‌गुण है।

जाह्नवी के श्वेत, यमुना के असित
सलिल में करते निमज्जन हो अनिश,
पर तुम्हारी हंस! उज्ज्वलता वही,
जो न बढ़ती है, न घटती ही कभी।

यहाँ भी गंगा के उजले और यमुना के नीले जल में स्नान करने पर भी राजहंस का वर्णन तो अधिक उज्ज्वल होता है, न अधिक नील। इस प्रकार यहाँ जल में स्नान करने से वर्णपरिवर्तन सम्भव होने पर भी उसका न होना कहा गया है।

मीलित

अनुरूप वस्तु के द्वारा किसी वस्तु का छिप जाना मीलित अलंकार है।[1]

मीलित का अर्थ है मिल जाना। इसमें कोई वस्तु किसी दूसरी वस्तु से इस प्रकार मिल जाती है—तिरोहित हो जाती है—कि उसका स्वरूप अलग दृष्टिगोचर नहीं होता।

पानपीक अधरान में, सखी! लखी नहिं जाय।
कजरारी अँखियान में, कजरा री! न लखाय॥

यहाँ नायिका के अधरों की स्वाभाविक लालिमा में पान के रंग का और कजरारी आँखों में काजल के रंग का मिलकर छिप जाना कहा गया है, अतः मीलित है।

बरन बास सुकुमारता, सब बिध रही समाय।
पंखुरी लगी गुलाब की, गाल न जानी जाय॥

गुलाब की पंखुड़ी नायिका के कपोल पर सटी है पर रंग, गन्ध और सुकुमारता के अतिशय सादृश्य के कारण उस (गुलाब की पंखुड़ी) का अलग से ज्ञान नहीं होता।

उन्मीलित

मीलित में ही किसी कारण से भेद होने पर उन्मीलित अलंकार होता है।[2]

उन्मीलित का अर्थ है खुला। यहाँ दो वस्तुओं में भेद खुला अर्थात् स्पष्ट प्रतीत होता है। यह अलंकार मीलित का विलोम (विपरीत) माना गया है। वहाँ

---

1. मीलितं वस्तुनो गुप्तिः केनचित् तुल्यलक्ष्मणा।—सा०द०
2. मीलिते भेदस्फूर्तावुन्मीलितम्।—कुवलयानन्दव्याख्या

अतिशय सादृश्य के कारण एक वस्तु दूसरी वस्तु को छिपा देती है; यहाँ सादृश्य के बल पर तिरोधान सम्भव होने पर भी होता नहीं है—दोनों का अन्तर दिखाई पड़ता है।

कंचन तन, घन बरन बर, रह्यौ रंग मिलि रंग।
जानी जात सुबास ही, केसर लाई अंग॥

नायिका के सुनहले शरीर के घने और उत्तम रंग में मिला हुआ केशर अपनी सुगन्धि के कारण ही जाना जाता है।

दीठि न परत समान दुति, कनक कनक से गात।
भूषण कर करकस लगत, परस पिछाने जात॥

यहाँ सुनहले शरीर और सोने के आभूषणों का अन्तर नहीं दीखता, यदि वे आभूषण स्पर्श के समय हाथों को कठोर नहीं लगते। स्पर्श में कठोरता के अनुभव से ही आभूषणों और अंगों का पार्थक्य मालूम पड़ता है।

गले की सोनजुही की माल
कौन आली! पाता पहचान,
अगर उन्मद मधुपों का झुण्ड,
न झुक आता करने मधुपान।

यहाँ कंचनवर्ण के शरीर की कान्ति से मिलकर एकवर्ण हुई सोनजुही की माला पहचानी ही न जाती यदि उसकी गन्ध से आकृष्ट होकर भौंरे उस पर मँडराने न लगते।

सामान्य

सदृशों गुणों के कारण प्रस्तुत का अप्रस्तुत के साथ अभेद-प्रतिपादन सामान्य अलंकार है।[1]

सामान्य का अर्थ है—समानता, तुल्यता, सादृश्य। इस अलंकार से प्रस्तुत और अप्रस्तुत का गुणसाम्य के कारण अभेदवर्णन रहता है। अप्रस्तुत के समान गुण न रहने पर भी प्रसाधन आदि साधनों की सहायता से प्रस्तुत तत्तुल्य होकर अभिन्न-सा प्रतीत होता है।

जटित जवाहर तन झलक, मिलि मसाल के जाल।
नैक नहीं जानी परत, यह मसाल यह बाल॥

जवाहरों से लदी नायिका के शरीर की प्रभा मशाल की प्रभा में ऐसी मिल गयी है कि दोनों के अन्तर का बोध ही नहीं होता।

यह उज्ज्वल प्रासाद चाँदनी से मिल एकाकार।

---

1. सामान्यं प्रकृतस्यान्यतादात्म्यं सदृशैर्गुणैः।—सा०द०

गुण साम्य (उज्ज्वलता) के कारण प्रस्तुत (प्रासाद) अप्रस्तुत (चाँदनी) से मिलकर अभिन्न प्रतीत हो रहा है।

ये तीनों अलंकार बहुत-कुछ परस्पर मिलते-जुलते-से मालूम पड़ते हैं, अतः इनका भेद स्पष्ट कर लेना चाहिये।

1. तद्गुण में अपने गुण का त्याग कर दूसरे का गुण-ग्रहण होता है।

2. मीलित में एक (उत्कृष्ट गुणवाली) वस्तु द्वारा दूसरी (निकृष्ट गुणवाली) वस्तु का तिरोधान रहता है। इसमें कोई अपना गुण छोड़ता नहीं है।

3. सामान्य में समान गुण के कारण भेद की प्रतीति नहीं होती।

अर्थात्

1. तद्गुण में एक पदार्थ के द्वारा दूसरे पदार्थ का गुणग्रहण,

2. मीलित में एक का दूसरे के द्वारा तिरोधान या गोपन,

3. सामान्य में एक का दूसरे से अभेद वर्णित रहता है।

स्वभावोक्ति

वस्तु का यथावत् वर्णन ही स्वभावोक्ति अलंकार है।[1]

स्वभावोक्ति का अर्थ है स्वभाव की उक्ति (कथन)। स्वभाव का संकुचित अर्थ न लेकर यहाँ व्यापक अर्थ लेना होगा, इसलिए उसका अर्थ होगा, सब कुछ जो अपने नैसर्गिक या प्राकृतिक रूप में है। यहाँ यह प्रश्न सहज ही उठता है कि किसी वस्तु के यथावत् वर्णन में अलंकार कैसे संभव है—जो पदार्थ जैसा है उसके वैसे ही चित्रण में चमत्कार कहाँ से आयेगा? और चमत्कार के अभाव में अलंकारता कैसी? इस विषय को लेकर प्राचीन आचार्यों में काफी तर्क-वितर्क हुए हैं। कुछ ने तो इसे अलंकार मानना ही अस्वीकार किया है पर यदि ठीक से विचार किया जाय तो किसी पदार्थ का, कल्पना की सहायता से, नमक-मिर्च लगाकर, अतिरंजनापूर्ण वर्णन करना उसके स्वाभाविक वर्णन से कहीं आसान है। किसी वस्तु का सच्चा वर्णन करने का अर्थ है, उसका शब्दचित्र प्रस्तुत कर देना—उस वर्णन को पढ़ते-पढ़ते वर्णनीय वस्तु से वास्तविक चित्र का मानस प्रत्यक्ष होना; साथ ही उसमें सरसता और चमत्कार का आधान कर देना जो अलंकार की सबसे बड़ी और पहली शर्त है। यह बड़ा कठिन कार्य है। इसके लिए उच्चकोटि की कलात्मकता अपेक्षित है। सूक्ष्म पर्यवेक्षण शक्ति के साथ चमत्कारपूर्ण वर्णन के उपयुक्त समर्थ प्रतिभा और वाणी का मणि-कांचन-योग हुए बिना स्वभावोक्ति का उदाहरण खड़ा करना कठिन है। इसलिए स्वभावोक्ति को अलंकार मानना सर्वथा न्याय्य है। कविकर्म की दुरूहता का यह सच्चा प्रमाण है।

---

1. सूक्ष्मवस्तुस्वभावस्य यथावद् वर्णनं स्वभावोक्तिः।—रुय्यक

सीस मुकुट कटि काछनी, कर मुरली उर माल।
इहि बानिक मो मन बसौ, सदा बिहारीलाल॥

यहाँ कृष्ण के रूप का स्वाभाविक वर्णन है।

सोभित कर नवनीत लिए।
घुटुरुन चलत रेनु तनु मंडित मुख दधि लेप किए।—सूर

यहाँ कृष्ण की बालचेष्टा का स्वाभाविक चित्रण है। स्वभावोक्ति के बहुत अधिक उदाहरण सूर के बालकृष्ण-वर्णन में वर्तमान हैं।

कसी क्षीण कटि, पीन वक्ष था,
कच कन्धरा ढँके थे,
स्वर्णवर्ण के उत्तरीय में
चित्रित रत्न टँके थे॥—गुप्त

यहाँ भी कृष्ण की मुद्रा का यथावत् शब्दचित्र है।

अन्तरिक्ष में आकुल आतुर
कभी इधर उड़, कभी उधर उड़
पंथ नीड़ का खोज रहा है पिछड़ा पंछी एक अकेला।—बच्चन

संध्या के भूले-भटके अकेले पंछी का सजीव चित्र है।

व्याजोक्ति

प्रकट हुए रहस्य को किसी बहाने से छिपा लेना व्याजोक्ति अलंकार है।[1]

व्याजोक्ति का अर्थ है छल या बहाने से कहना। यदि कोई गोपनीय बात जिसे प्रकट करना अभिमत नहीं हो, किसी प्रकार खुल जाय और उसे फिर छिपा देने के लिए किसी बहाने (व्याज) का सहारा लिया जाय तो वह व्याजोक्ति अलंकार है।

गिरिपति गिरजा कर धर्‌यो सिव-कर में करि नेह।
तन काँप्यौ, रोमांच लखि, कह्यो जड़ानी देह॥

हिमालय ने कन्यादान के समय पार्वती का हाथ शंकर के हाथ में रखा, जिसके स्पर्श से शंकरजी को रोमांच हो आया। अपनी परिस्थितिजन्य मानसिक दुर्बलता को वहाँ समवेत जनों के सम्मुख प्रकट हुआ देख देवाधिदेव लज्जित हुए और आनन्दजनित रोमांच को "हिमालय के अतिशय शीतल कर-स्पर्श से जनित रोमांच" कहकर उन्होंने उसे छिपा दिया। इस प्रकार हिमालय के कर-स्पर्श की शीतलता के बहाने आनन्दोत्पन्न रोमांच छिपाया गया है।

---

1. व्याजोक्तिर्गोपनं व्याजाद् उद्‌भिन्नस्यापि वस्तुनः।—सा०द०

कारे बरन डरावनो, कत आवत इहि गेह।
कै वा लख्यौ सखी! लखे लगै थरथरी देह॥

नायिका किसी सखी के पास बैठी है। वहीं किसी काम से कृष्ण चले आते हैं। उन्हें देखकर नायिका को आलिंगनेच्छाजन्य कम्पन (थरथरी) हो आता है पर उसे वह यह कह छिपाती है कि इस काले व्यक्ति को देखकर ही मैं डर से काँपने लगती हूँ। यहाँ प्रकट हुए कम्पन के वास्तविक कारण को छिपाकर उसका दूसरा कारण दिया गया है।

मिश्रित अलंकार

अब तक जितने अलंकार निरूपित किये गये हैं उनमें से कभी अनेक की स्थिति एक ही सन्दर्भ में पायी जा सकती है—वे मिश्रित रूप में देखे जा सकते हैं। यह मिश्रण दो प्रकार से सम्भव है—(1) कहीं तो एकत्र सन्निविष्ट रहने पर भी तिलतण्डुल-न्याय से वे परस्पर निरपेक्ष हों अर्थात् एकत्र स्थिति होने पर भी उनकी स्वतन्त्र सत्ता अक्षुण्ण रहे। (2) कहीं वे नीर-क्षीर-न्याय से इस प्रकार आपस में मिले-जुले हों कि उनका पृथक्करण सम्भव न हो सके।

तिलतण्डुल-न्याय का मतलब है तिल और चावल की तरह। तिल और चावल को एक साथ मिला दें तो मिल जाने पर भी उनका स्वरूप पृथक्-पृथक् दिखाई देता रहेगा; यदि कोई चाहे तो उन्हें फिर अलग कर ले सकता है। तो तिल और चावल का यह मिश्रण परस्पर निरपेक्ष है—एक साथ रहते हुए भी दोनों एक दूसरे से सर्वथा भिन्न हैं। पर यदि दूध और पानी को एक साथ मिला दिया जाय तो वे मिलकर एकरूप हो जायेंगे—उनकी पृथकता का ज्ञान नहीं हो सकेगा—उन्हें अलग नहीं किया जा सकता। इसी प्रकार यदि किसी सन्दर्भ में अनेक अलंकार हों पर आपस में—सिवा इसके कि वे एकत्र हैं—और कोई सम्बन्ध न हो और एक दूसरे से उन्हें अलग कर देने पर भी तिल-तण्डुल की भाँति उनकी स्वतन्त्र सत्ता सम्भव होती हो तो संसृष्टि अलंकार होता है। इसके विपरीत यदि नीरक्षीर-न्याय के अनुसार (दूध-पानी के समान) अनेक अलंकारों का ऐसा मिश्रण हो कि उन्हें अलग नहीं किया जा सके तो वहाँ संकर अलंकार होता है।

संसृष्टि

तिलतण्डुल-न्याय से परस्पर निरपेक्ष अनेक अलंकारों की एकत्र स्थिति संसृष्टि अलंकार है।[1]

संसृष्टि का अर्थ है संसर्ग या मेल। मेल का मतलब ही है, अनेक का एकत्रीकरण। अतएव अनेक अलंकारों के मेल (एकत्र स्थिति) को संसृष्टि कहते हैं। जैसा पहले कहा जा चुका है, इसमें अलंकारों की तिलतण्डुल-न्याय के परस्पर निरपेक्ष, स्वतंत्र स्थिति होनी चाहिए।

---

1. एषां तिलतण्डुलन्यायेन मिश्रत्वे संसृष्टिः।—रुय्यक

संसृष्टि तीन प्रकार से सम्भव है—

1. शब्दालंकार-संसृष्टि— जहाँ अनेक शब्दालंकारों की एकत्र स्वतंत्र रूप से स्थिति हो।

2. अर्थालंकार-संसृष्टि— जहाँ अनेक अर्थालंकारों की एकत्र स्वतंत्र रूप से स्थिति हो।

3. उभयालंकार-संसृष्टि— जहाँ शब्दालंकार और अर्थालंकार दोनों की एकत्र स्वतंत्र रूप से स्थिति हो।

1. शब्दालंकार-संसृष्टि

वितरती गृह वन मलय समीर
मांस, सुधि, स्वप्न, सुरभि, सुख, मान
मार केशर—शर मलय-समीर
हृदय हुलसित कर पुलकित प्राण।—पंत

यहाँ द्वितीय चरण में 'स' की अनेक बार, चतुर्थ चरण में 'ह' और 'प' की एक बार आवृत्ति रहने से वृत्यनुप्रास, 'केशर-शर' में यमक और उसी चरण में 'मार', 'समीर' में 'मर' इस व्यंजनसमूह की एक बार आवृति रहने से छेक है। इस प्रकार वृत्यनुप्रास, छेकानुप्रास और यमक एक ही पद्य में अलग-अलग स्थित होने से शब्दालंकार-संसृष्टि है।

बर जीते सर मैन के ऐसे देखे मैं न।
हरिनी के नैनान तें हरि नीके ये नैन॥

यहाँ पूर्वार्द्ध में 'मैन—मै न' और उत्तरार्द्ध 'हरिनी के—हरि नीके' में यमक है। दो यमकों की अलग-अलग स्थिति से शब्दालंकार-संसृष्टि है।

2. अर्थालंकार-संसृष्टि

मेरा मधुकर का सा जीवन,
कठिन कम है, कोमल है मन,
विपुल मृदुल सुमनों से सुरभित
विकसित है विस्तृत जग-उपवन।—पंत

यहाँ प्रथम चरण में उपमा और चतुर्थ चरण में (जग-उपवन) में रूपक है। इस प्रकार दो अर्थालंकारों की संसृष्टि है।

बाल्य-सरिता के कूलों से
खेलती थी तरंग-सी नित।—पंत

यहाँ पूर्वार्द्ध में रूपक और उत्तरार्द्ध में उपमा के रहने से दो अर्थालंकारों की संसृष्टि है।

3. शब्दार्थालंकार-संसृष्टि

तरनि-तनूजा-तट तमाल तरुवर बहु छाये।
झुके कूल सों जल परसन हित मनहुँ सुहाये॥

यहाँ प्रथम चरण में 'त' की अनेक बार आवृत्ति होने से वृत्यनुप्रास और द्वितीय चरण में उत्प्रेक्षा है तथा दोनों की निरपेक्ष स्थिति है। यहाँ एक शब्दालंकार और एक अर्थालंकार की संसृष्टि है।

सायक सम मायक नयन, रंगे त्रिविध रंग गात।
झखौ बिलखि दुरि जात जल, लखि जलजात लजात॥

यहाँ पूर्वार्द्ध की उपमा और उत्तरार्द्ध के यमक की संसृष्टि है।

संकर

नीर-क्षीर-न्याय से परस्पर मिश्रित अलंकारों को संकर अलंकार कहते हैं।

संकर का अर्थ है एकदम मिला हुआ—ऐसा मिश्रण जिसका पृथक्करण न हो सके। नीर-क्षीर-न्याय की व्याख्या पहले हो चुकी है। इसमें अनेक अलंकार दूध-पानी की तरह एक साथ मिले रहते हैं। संकर अलंकार में दन्त्य 'स' है, इस पर ध्यान रखना चाहिए; तालव्य 'श' का प्रयोग भूलकर भी नहीं करना चाहिए। इसके तीन भेद होते हैं—

1. अंगांगिभाव संकर।
2. एकाश्रयानुप्रवेश संकर।
3. सन्देह संकर।

अंगांगिभाव संकर

यदि अनेक अलंकार अन्योन्याश्रित हों तो अंगांगिभाव संकर होता है।

अंग का अर्थ है अप्रधान या गौण और अंगी का प्रधान। इसमें एक अलंकार की सिद्धि से दूसरे अलंकार की सिद्धि होती है—यदि पहला अलंकार उत्पन्न न हो तो दूसरा भी नहीं टिक सकता; इसीलिए उनमें अंग और अंगी, अप्रधान और प्रधान का भाव रहता है।

रौं रीझी लखि रीझिहौं, छबिहिं छबीलेलाल।
सोनजुही सी होत दुति, मिलत मालती माल॥

नायिका के शरीर की सुनहली कान्ति से मिलकर चमेली की माला अपनी उज्ज्वलता छोड़कर पीतवर्ण हो जाती है, इसलिए वह चमेली के बदले सोनजुही (सोने के रंग अर्थात् पीले रंग की जुही) की माला-सी प्रतीत होने लगती है। अपनी उज्ज्वलता छोड़ शरीर की कान्ति से संपर्क से चमेली की माला के पीतवर्ण होने में तद्गुण अलंकार है। फिर पीतवर्ण हो जाने पर चमेली की माला सोनजुही की माला दिखाई पड़ती है, अतः उपमा है। इस प्रकार तद्गुण उपमा का साधक

है—तद्गुण के द्वारा ही उपमा की निष्पत्ति होती है। यदि चमेली की माला का वर्ण-परिवर्त्तन हो ही नहीं—वह उजली ही रह जाय तो सोनजुही से (जो पीली होती है) उसकी उपमा कैसे संगत होगी? यहाँ तद्गुण उपमा का साधक होने से अप्रधान-अंग अलंकार है और उपमा साध्य होने से प्रधान अर्थात् उसका अंगी। अत: तद्गुण और उपमा का अंगांगिभाव संकर है।

नाच अचानक ही उठे, बिन पावस बन मोर।
जानति हौं नंदित करी, यह दिसि नंदकिसोर॥

बिना मेघ के ही वन में अचानक मोरों के नाच उठने से नायिका अनुमान करती है कि अवश्य किसी ओर से कृष्ण आ रहे हैं, उन्हीं को देख मोरों को मेघ का भ्रम हुआ है (मेघ भी श्याम रंग का होता है और कृष्ण का रंग भी श्याम है, इसीलिए भ्रम का अवकाश है)। यहाँ मोरों का अचानक नाचना देखकर कृष्ण के आगमन का अनुमान होता है पर मोरों का नाचना स्वत: कृष्ण के मेघ का भ्रम हो जाने के कारण है। यदि वे कृष्ण को मेघ नहीं समझते तो कैसे नाचते? अत: कृष्ण में मोरों को मेघ का भ्रम हो जाने से भ्रान्तिमान् अलंकार हुआ और उसके आधार पर अनुमान सिद्ध होता है। इस प्रकार अनुमान भ्रांतिमान् पर निर्भर करता है—भ्रांतिमान् के बिना अनुमान टिक ही नहीं सकता। इसलिए यहाँ इन दोनों का अंगांगिभाव संकर है।

एकाश्रयानुप्रवेश संकर

यदि एक ही आश्रय में अनेक अलंकार स्थित हों तो एकाश्रयानुप्रवेश संकर होता है।

एकाश्रयानुप्रवेश को एकवाचकानुप्रवेश भी कहा जाता है। वाचक का अर्थ है पद या वाक्य। इससे स्पष्ट है कि एक ही स्थल में अनेक अलंकारों की स्थिति को एकाश्रयानुप्रवेश संकर कहते हैं। संकर के तीनों भेदों में सबसे अधिक उदाहरण इसी के मिलते हैं।

बन्दउँ गुरु पद पदुम परागा। सुरुचि सुबास सरस अनुरागा॥

यहाँ 'पद पदुम' में छेकानुप्रास और रूपक दोनों हैं; इस प्रकार शब्दालंकार और अर्थालंकार का एकाश्रयानुप्रवेश संकर है।

पानपीक अधरान में, सखी लखी नहिं जाय।
कजरारी अँखियान में, कजरा री न लखाय॥

यहाँ उत्तरार्द्ध में 'कजरारी—कजरा री' में यमक और काली आँखों में कज्जल के छिप जाने से मीलित है। इस प्रकार शब्दालंकार और अर्थालंकार का एकश्रयानुप्रवेश है।

सन्देह संकर

जहाँ अनेक अलंकारों की स्थिति में यह निर्णय न हो सके कि कौन अलंकार है वहाँ सन्देह संकर होता है।

सन्देह संकर, जैसा नाम से ही स्पष्ट है, वैसे स्थल में होता है जहाँ अनेक अलंकारों की प्राप्ति हो और अन्त-अन्त तक यह निर्णय न हो सके कि कौन अलंकार है। वैसी दशा में जिन अलंकारों में सन्देह होता है उनके नाम लिखकर यह कह दिया जाता है कि इनका सन्देह संकर है पर कहीं भी सन्देह संकर कहने के पहले खूब समझ-बूझकर वैसा निर्णय करना चाहिए। ऐसा नहीं कि जहाँ कोई अलंकार समझ में नहीं आया वहाँ दो-चार अलंकारों का नाम लेकर सन्देह संकर कह दिया।

यह अम्बर में शोभता सघन तिमिर कर दूर।
नयनों का आनन्दकर बिधु सुषमा का पूर॥

यहाँ मुख का चन्द्र से अभेदाध्यवसान होने से अतिशयोक्ति है, या 'यह' के द्वारा मुख का निर्देश कर उसमें चन्द्र का आरोप करने से रूपक है, या 'यह' से निर्दिष्ट मुख और चन्द्र दो प्रस्तुतों का 'शोभता है' इस एक धर्म से सम्बन्ध रहने पर तुल्ययोगिता है, अथवा 'यह' से निर्दिष्ट मुख प्रस्तुत और 'चन्द्र' अप्रस्तुत का एक धर्म-संबंध रहने से दीपक है, अथवा विशेषणों की समानता के कारण प्रस्तुत चन्द्र के वर्णन से अप्रस्तुत मुख की प्रतीति होने से समासोक्ति है, या अप्रस्तुत चन्द्रवर्णन से प्रस्तुत मुख की प्रतीति कराने से अप्रस्तुत प्रशंसा है? इस प्रकार यहाँ अनेक अलंकारों का सन्देह संकर अलंकार है।

अलंकारों के पारस्परिक अन्तर का विवेचन

1. यमक—लाटानुप्रास— यमक में केवल शब्दों की आवृत्ति होती है, अर्थ की नहीं; लाटानुप्रास में शब्द और अर्थ दोनों की आवृत्ति होती है।

2. यमक—पुनरुक्तवदाभास—समान अर्थ की आवृत्ति का सन्देह उत्पन्न करनेवाले शब्द दोनों में रहते हैं; किन्तु यमक में उन (शब्दों) का आकार ही एक रहता है, अर्थ भिन्न होते हैं; पुनरुक्तवदाभास में आकार और अर्थ दोनों ही भिन्न होते हैं।

3. उपमा—रूपक—उपमा में सादृश्य वाच्य रहता है और रूपक में व्यंग्य; उपमा में सादृश्य की प्रधानता होती है और रूपक में तादात्म्य (अभेद) की।

4. उपमा—उत्प्रेक्षा— उपमा में उपमेय-उपमान का साम्य प्रतिपादित किया जाता है; उत्प्रेक्षा में उपमेय में उपमान से अभेद की सम्भावना की जाती है।

5. रूपक—भ्रान्तिमान्— रूपक में उपमेय-उपमान का अभेदकथन रहता है पर वक्ता को दोनों का भेद ज्ञात रहता है (वह जानता है कि मुख और चन्द्र विभिन्न पदार्थ हैं और केवल चमत्कार के लिए उन्हें अभिन्न रूप से उपस्थित किया गया है); भ्रान्तिमान् में उपमेय में उपमान का भ्रम (धोखा) हो जाता है। तात्पर्य यह कि रूपक में जान-बूझकर एक वस्तु को दूसरी वस्तु कहा जाता है परन्तु भ्रान्तिमान् में धोखे से—भ्रान्त ज्ञान से।

6. रूपक—अपह्नुति— रूपक में उपमेय में उपमान का निषेध-रहित आरोप होता है, अपह्नुति में निषेधसहित।

7. अपह्नुति—वक्रोक्ति— वक्रोक्ति में दूसरे के कथन को उलटकर दूसरा अर्थ किया जाता है; छेकापह्नुति में अपने ही कथन का अर्थ बदल दिया जाता है।

8. रूपक—उल्लेख— निरंग माला-रूपक में एक वस्तु में अनेक वस्तुओं का आरोपमात्र रहता है; उल्लेख में एक वस्तु के अनेकधा वर्णन में आरोपमात्र कारण नहीं होता, बल्कि परिस्थिति-भेद से उसकी वस्तुत: अनेक रूप में अवस्थिति रहती है।

9. रूपक—अतिशयोक्ति— रूपक में उपमेय ओर उपमान दोनों का शब्दत: कथन कर उनमें अभेद प्रतिपादित किया जाता है; अतिशयोक्ति में उपमेय को छिपाकर (उसका बिना नाम लिये ही) उससे उपमान का अभेद दिखाया जाता है।

10. उल्लेख—भ्रान्तिमान्— भ्रान्तिमान् में भ्रम रहता है; उल्लेख में भ्रम नहीं रहता, उसका ज्ञान सत्य होता है।

11. सन्देह—भ्रान्तिमान्— सन्देह में ज्ञान द्विकोटिक होता है—दो वस्तुओं में निश्चय नहीं हो पाता कि यह है या वह; भ्रान्तिमान् में ज्ञान एककोटिक (निश्चित) तो होता है पर होता है वह मिथ्या अर्थात् भ्रान्त, उसमें एक वस्तु को सर्वथा दूसरी ही वस्तु मान लिया जाता है।

12. उत्प्रेक्षा—भ्रान्तिमान्—उत्प्रेक्षा में वस्तु के वास्तविक रूप का भी ज्ञान रहता है; भ्रान्तिमान् में उसके वास्तविक रूप का ज्ञान नहीं रहता।

13. उत्प्रेक्षा—सन्देह— सन्देह में दोनों कोटियों की समान रूप से प्रतीति होती है; उत्प्रेक्षा में उत्कट रूप से सम्भावित एक कोटि की।

14. उत्प्रेक्षा—अतिशयोक्ति—अतिशयोक्ति में उपमेय का कथन ही नहीं होता, केवल उपमान ही कथित रहता है; उत्प्रेक्षा में उपमेय का भी कथन रहता हे और उसके साथ उपमान की सम्भावना की जाती है।

15. उत्प्रेक्षा—रूपक— रूपक में उपमेय में उपमान का आरोप होता है; उत्प्रेक्षा में सम्भावना।

16. दीपक—तुल्ययोगिता—तुल्ययोगिता में प्रस्तुत का प्रस्तुत के साथ या अप्रस्तुत का अप्रस्तुत के साथ एक धर्म से सम्बन्ध बताया जाता है; दीपक में प्रस्तुत और अप्रस्तुत दोनों का एक साथ एक धर्म से सम्बन्ध बताया जाता है।

17. दीपक—प्रतिवस्तूपमा—दीपक में प्रस्तुत और अप्रस्तुत का एक-धर्म-सम्बन्ध एक शब्द द्वारा कहा जाता है; प्रति-वस्तूपमा में प्रस्तुताप्रस्तुत एक-धर्म-सम्बन्ध समानार्थक पर दो शब्दों द्वारा कहा जाता है।

18. प्रतिवस्तूपमा—दृष्टान्त— प्रतिवस्तूपमा में समानधर्म एक ही रहता है (पर दो भिन्न शब्दों द्वारा कहा जाता है); दृष्टान्त में समान धर्म दो होते हैं (दो शब्दों से कहे जाते हैं) और उनमें बिम्ब-प्रतिबिम्बभाव रहता है।

19. प्रतिवस्तूपमा—उपमा— उपमा में साधारण धर्म एक होता है, उसका एक बार और एक ही शब्द से कथन किया जाता है; प्रतिवस्तूपमा में साधारण धर्म होता है तो एक ही पर उसका दो बार और शब्दभेद से कथन किया जाता है। उपमा में एक ही वाक्य होता है और प्रतिवस्तूपमा में दो।

20. प्रतिवस्तूपमा—अर्थान्तरन्यास— प्रतिवस्तूपमा के दो वाक्यों में उपमेय-उपमान-भाव रहता है और अर्थान्तरन्यास में सामर्थ्य-समर्थकभाव। तात्पर्य यह कि प्रतिवस्तूपमा में दूसरा वाक्य पहले वाक्य से सादृश्य की प्रतीति कराता है और अर्थान्तरन्यास में दूसरा वाक्य पहले वाक्य का समर्थन करता है।

21. प्रतिवस्तूपमा—निदर्शना— प्रतिवस्तूपमा में उपमेय-उपमान-वाक्य परस्पर निरपेक्ष होते हैं अर्थात् एक-दूसरे के बिना (अलग-अलग) भी उनका अर्थ संगत होता है; निदर्शना में दोनों वाक्य सापेक्ष होते हैं, वे परस्पर मिलकर ही अर्थ की संगति कराते हैं। प्रतिवस्तूपमा में बिम्ब-प्रतिबिम्ब-भाव नहीं रहता; निदर्शना में रहता है।

22. दृष्टान्त—निदर्शना— दृष्टान्त में उपमेय और उपमान वाक्य परस्पर निरपेक्ष—स्वतंत्र रहते हैं; सार्थकता के लिए उन्हें एक दूसरे की सहायता अपेक्षित नहीं होती; निदर्शना में दोनों परस्पर निरपेक्ष न होकर सापेक्ष हुआ करते हैं—बिना एक दूसरे की सहायता के उनका अर्थ संगत नहीं होता।

दृष्टान्त और निदर्शना दोनों में बिम्ब-प्रतिबिम्ब-भाव रहता है, किन्तु दृष्टान्त में अर्थ-संगति के बाद बिम्ब-प्रतिबिम्ब-भाव की कल्पना होती है; निदर्शना में पहले बिम्ब-प्रतिबिम्ब-भाव की कल्पना हो लेती है तब अर्थ-संगति होती है।

23. दृष्टान्त—अर्थान्तरन्यास— दृष्टान्त के दोनों वाक्यों में बिम्ब-प्रतिबिम्ब-भाव होता है; अर्थान्तरन्यास में सामर्थ्य-समर्थकभाव।

दृष्टान्त के दोनों वाक्य या तो सामान्य होते हैं अथवा विशेष; अर्थान्तरन्यास में एक सामान्य और दूसरा विशेष, दोनों सामान्य या दोनों विशेष नहीं हो सकते।

24. समासोक्ति-श्लेष— श्लेष में प्राय: दोनों अर्थ प्रस्तुत और विवक्षित होते हैं; समासोक्ति में एक ही अर्थ प्रस्तुत होता है और दूसरा अप्रस्तुत।

श्लेष में दोनों अर्थ वाच्य होते हैं; समासोक्ति में केवल प्रस्तुत वाच्य और अप्रस्तुत व्यंग्य। श्लेष में विशेषणों के साथ विशेष्य भी श्लिष्ट हो सकते हैं; समासोक्ति में केवल विशेषण ही श्लिष्ट होते हैं।

25. समासोक्ति—अप्रस्तुतप्रशंसा— समासोक्ति में प्रस्तुत वाच्य और अप्रस्तुत व्यंग्य रहता है; अप्रस्तुतप्रशंसा में अप्रस्तुत वाच्य और प्रस्तुत व्यंग्य रहता

है। दोनों एक दूसरे के विपरीत हैं।

26. समासोक्ति—रूपक—रूपक में प्रस्तुत में अप्रस्तुत के 'स्वरूप' का आरोप होता है; समासोक्ति में प्रस्तुत में अप्रस्तुत के 'व्यवहार' का। रूपक में प्रस्तुत-अप्रस्तुत दोनों वाच्य होते हैं; समासोक्ति में केवल प्रस्तुत ही वाच्य रहता है और अप्रस्तुत व्यंग्य।

27. शब्द-श्लेष—अर्थ-श्लेष—शब्द-श्लेष में अनेकार्थक शब्दों से अनेक अर्थ प्राप्त होते हैं; अर्थ-श्लेष में सामान्यत: एकार्थक शब्दों से अनेक अर्थ।

शब्द-श्लेष में शब्द-परिवर्तन सम्भव नहीं होता; अर्थ-श्लेष में होता है अर्थात् शब्द-श्लेष में यदि शब्द बदल दें तो अर्थ बदल जायेगा; अर्थ-श्लेष में शब्दों के बदलने पर भी अर्थ नहीं बदलता। एक का चमत्कार शब्दनिष्ठ है; दूसरे का अर्थ-निष्ठ। इसलिए एक को शब्द-श्लेष कहते हैं; दूसरे को अर्थ-श्लेष।

28. विशेषोक्ति—विभावना—ये दोनों एक दूसरे के प्रतिलोम हैं।

विशेषोक्ति में कारण रहते हुए भी कार्य नहीं होता; विभावना में कार्य होता है पर उसका कारण नहीं रहता।

29. विरोधाभास—विभावना—विभावना में कारण के अभाव में कार्योत्पत्ति का वर्णन होता है अर्थात् उसका मूल कारणाभाव और कार्य का विरोध है जिसकी निवृत्ति कारणान्तर से की जाती है; पर विरोधाभास में कार्य-कारण-सम्बन्ध के जैसा कुछ नहीं रहता, दो वस्तुएँ परस्पर विरुद्ध-सी मालूम पड़ती हैं यद्यपि उनमें वास्तविक विरोध नहीं रहता।

30. विरोधाभास—असंगति—असंगति में, जिनका एक स्थान पर रहना प्रसिद्ध है उनका भिन्न स्थानों में रहना बताया जाता है; इसके प्रतिकूल विरोधाभास में जिन वस्तुओं का अलग रहना प्रसिद्ध है उनका एक स्थान में रहना वर्णित किया जाता है।

31. विरोधाभास—विषम—विरोधाभास में आपातत: परस्पर विरोधी वस्तुओं का सम्बन्ध बताया जाता है; विषम में 'अयोग्य सम्बन्धवालों का सम्बन्ध'।

विरोध में अर्थ प्रतीतिपर्यन्त ही विरोध रहता है, अर्थप्रतीति के बाद वह नष्ट हो जाता है; किन्तु विषम का विरोध वास्तविक होता है।

32. एकावली—कारण-माला—एकावली में विशेष्य-विशेषण-भाव विवक्षित रहता है; कारण-माला में कार्य-कारण-भाव।

33. तद्गुण—मीलित—सामान्य।

34. काव्यलिंग—अर्थान्तरन्यास—काव्यलिंग में वाक्यार्थ कारण से साकांक्ष रहता है—बिना कारण दिये वह **उपपन्न** नहीं होता; अर्थान्तरन्यास में वाक्यार्थ निराकांक्ष रहता है अर्थात् बिना समर्थन के भी वह उपपन्न ही रहता है।

35. व्याजोक्ति—छेकापह्नुति— छेकापह्नुति में गोपनीय वस्तु को पहले स्वयं प्रकट कर तब उसका गोपन किया जाता है; व्याजोक्ति में गोपनीय वस्तु के किसी प्रकार (बिना स्वयं कहे) प्रकट हो जाने पर उसे छिपाया जाता है।

36. व्याजोक्ति—वक्रोक्ति— वक्रोक्ति में किसी के कथन का अन्य व्यक्ति दूसरा अर्थ कर उत्तर देता है; व्याजोक्ति में किसी प्रकार प्रकट हुए रहस्य को फिर से छिपाया जाता है।

37. पर्यायोक्ति—अप्रस्तुतप्रशंसा— कार्यनिबन्धना अप्रस्तुतप्रशंसा में अप्रस्तुत कार्य के वर्णन से प्रस्तुत कारण की प्रतीति करायी जाती है अर्थात् वहाँ केवल कारण ही प्रस्तुत रहता है और कार्य अप्रस्तुत। पर्यायोक्ति में कार्य, कारण दोनों प्रस्तुत और अपेक्षित होते हैं।

38. अप्रस्तुतप्रशंसा—अर्थान्तरन्यास— अप्रस्तुतप्रशंसा में अप्रस्तुत सामान्य के वर्णन से प्रस्तुत विशेष की और अप्रस्तुत विशेष के वर्णन से प्रस्तुत सामान्य की प्रतीति होती है अर्थात् वर्णन किसी एक का ही रहता है, दूसरा व्यंग्य होता है। अर्थान्तरन्यास में प्रस्तुत-अप्रस्तुत दोनों का शब्दतः वर्णन रहता है।

अप्रस्तुतप्रशंसा में सामान्य-विशेष का समर्थन नहीं होता; अर्थान्तरन्यास में उनका परस्पर समर्थन होता है।

■

छन्द

छन्द शब्द चद्[1] धातु से बना है जिसका अर्थ है आह्लादित करना; तात्पर्य कि वह रचना-विधान जिससे आह्लाद हो। यह आह्लाद वर्ण या मात्रा की नियमित संख्या के विन्यास से उत्पन्न होता है।

भाषिक अभिव्यंजना के दो प्रकार हैं: गद्य और पद्य। गद्य में वर्ण अथवा मात्रा की संख्या या क्रम का नियमन नहीं होता किन्तु पद्य में होता है। दूसरे शब्दों में इसे ऐसे कह सकते हैं कि छन्दमुक्त रचना गद्य है और छन्दयुक्त रचना पद्य। ऊपर जो कुछ कहा गया है उसके आधार पर छन्द का लक्षण इस प्रकार निर्धारित कर सकते हैं:

छन्द वह रचना है जो वर्ण अथवा मात्रा की संख्या से नियमित हो।

इस लक्षण में दो शब्द—वर्ण और मात्रा—महत्व के हैं। **वर्ण** कहते हैं अक्षर को और **मात्रा** कहते हैं अक्षर के उच्चारण में लगने वाले काल को। मात्रा के दो प्रमुख भेद हैं: **ह्रस्व** तथा **दीर्घ**। ह्रस्व को **एकमात्रिक** मानते हैं और दीर्घ को **द्विमात्रिक** अर्थात् ह्रस्व में एक मात्रा रहती है और दीर्घ में दो मात्राएँ। तात्पर्य कि ह्रस्व की अपेक्षा दीर्घ के उच्चारण में दुगुना समय लगता है। ह्रस्व-दीर्घ का नियमन स्वरों के आधार पर होता है। हिन्दी वर्णमाला के अनुसार दोनों की स्थिति निम्नांकित है:

ह्रस्व—अ, इ, उ, ऋ।

दीर्घ—आ, ई, ऊ, ॠ, ए, ऐ, ओ, औ।

स्वरों के अनुसार ही व्यंजनों की ह्रस्वता-दीर्घता का निर्धारण होता है अर्थात्, जिन व्यंजनों में ह्रस्व स्वर रहते हैं वह ह्रस्व माने जाते हैं और जिनमें दीर्घ स्वर रहते हैं वे दीर्घ माने जाते हैं। छन्दशास्त्र में **ह्रस्व** को लघु और दीर्घ को **गुरु** कहते हैं। छन्द के समस्त भेद-उपभेद विविध रूपों में लघु-गुरु के प्रस्तार और संयोजन पर आधारित हैं।

वर्ण तथा मात्रा के आधार पर छन्द दो प्रकार के होते हैं: **वर्णवृत्त** या वर्णिक छन्द और **मात्रा-वृत्त** या मात्रिक छन्द। छन्द वर्णिक हो या मात्रिक मात्रा, का

---

1. चदि आह्लादे धातु से चन्देशदेश्च छः (उणादि सू० 4/218) सूत्र के अनुसार चद् का छंद् होकर उससे असुन् प्रत्यय करके छन्द शब्द सिद्ध होता है। चदि + असुन् = चन्द् + असुन् = छन्द् + असुन् = छन्द + अस् छन्दस्।

विचार दोनों में ही करना पड़ता है। अन्तर यह है कि वर्णिक छन्द (वर्ण-वृत्त) में वर्णों का **स्थान** नियत रहता है अर्थात् किसी छन्द में जितने वर्ण होते हैं उनमें कौन लघु होगा और कौन गुरु, यह निश्चित रहता है।

मात्रिक छन्द— (मात्रा-वृत्त) में लघु-गुरु का स्थान नियत नहीं होता बल्कि लघु-गुरु के अनुसार मात्राओं का **योग** (जोड़) नियत होना चाहिये।

छन्दशास्त्र में प्रयुक्त पारिभाषिक शब्द

लघु—1. ह्रस्व स्वर और वे व्यंजन जिनमें ह्रस्व स्वर लगे हों। जैसे, अ, इ, उ, ऋ; मदन, नगर, भणिति; निधि, सुकुल, मुकुल, ऋण, मसृण।

2. चन्द्रबिन्दु वाले स्वर। जैसे अँसुवन, हँसहँस।

3. स्वराघात-रहित स्थलों पर दीर्घ स्वर भी ह्रस्व जैसा उच्चरित होता है, अत: उसे लघु ही मानते हैं। जैसे,

नंद क नँदन कदंब क तरुतर
धिरे धिरे मुरली बजाव।
समय सँकेत निकेतन बइसल
बेरि बेरि बोलि पठाव।—विद्यापति

यहाँ 'धीरे-धीरे' का उच्चारण 'धिरे-धिरे' होता है अत: इसे लघु मानेंगे। इसी तरह 'बेरि-बेरि' में एकार का उच्चारण ह्रस्व, अत: लघु, होता है।

लघु के लिए खड़ी रेखा (।) का प्रयोग होता है।

1. **गुरु—** दीर्घ स्वर और वे व्यंजन जिनमें दीर्घ स्वर हों। जैसे, आ, ई, ऊ, ॠ, ए, ऐ, ओ, औ, काली, गोला, नाटा, लाली, राजा, रानी, पीली, नीली, चालू।

2. **अनुस्वार** और **विसर्ग** से युक्त वर्ण। जैसे इंदु, बिंदु, मंद, हंस आदि शब्दों में अनुस्वार वाले वर्ण ह्रस्व होने पर गुरु अर्थात् द्विमात्रिक माने जाएँगे। इसी प्रकार विसर्गयुक्त वर्ण भी गुरु होते हैं; जैसे अध:, अत:, प्राय: में सभी अन्तिम वर्ण विसर्गयुक्त, अत: गुरु, हैं।

3. **संयुक्ताक्षर** का पूर्ववर्ती लघु वर्ण। जैसे वक्र, में क्र संयुक्ताक्षर है, उसके पहले व लघु है पर क्र के पहले होने से उसे गुरु माना जाएगा। इसी प्रकार अग्र, शुक्ल, भर्ता, कर्ता, मित्र आदि शब्दों में पहले वर्ण ह्रस्व (लघु) होने पर भी संयुक्ताक्षर के पूर्व होने से गुरु हो जाते हैं। अत: उनकी दो मात्राएँ गिनी जाएँगी।

जहाँ संयुक्ताक्षर के पूर्ववर्ती वर्ण के उच्चारण में बल नहीं पड़ता तो उसे गुरु नहीं मानेंगे। जैसे, कुम्हलाना में म्ह संयुक्ताक्षर है। अत: उपर्युक्त नियमानुसार उसके पहले के कु को गुरु मानना चाहिए किंतु उसके उच्चारण में बल नहीं लगता; इसलिए कु को गुरु नहीं मानकर लघु ही मानेंगे। ऐसे ही कन्हैया का 'क', कुल्हाड़ी का 'कु' लघु ही कहे जाएँगे।

संयुक्ताक्षर के पूर्ववर्ती वर्ण को अनेकत्र विकल्प से लघु या गुरु मानते हैं; जैसे, 'सुखप्रद' में ख पर यदि बल दें तो वह गुरु होगा और यदि बल न दें तो लघु होगा। 'प्रियप्रवास' को कुछ लोग 'य' पर बल देकर उच्चारण करते हैं और कुछ लोग बिना बल के। बल देने पर वह गुरु होगा, अन्यथा लघु। हिन्दी में ऐसे स्थलों पर दोनों तरह की छूट है। हरिऔध के 'प्रियप्रवास' में ऐसे सैकड़ों स्थल हैं जहाँ संयुक्ताक्षर के पूर्ववर्ती वर्ण का लघु रूप में प्रयोग हुआ है।

4. चरण के अन्त का वर्ण लघु होने पर भी विकल्प से गुरु माना जाता है।

गुरु के लिए वक्र रेखा (ऽ) का प्रयोग होता है।

गण

मात्रिक और वर्णिक भेद से छंद दो प्रकार के हैं। यह पहले कहा जा चुका है। इनमें वर्णिक छंदों का आधार गण है। गण की जानकारी वर्णिक छंदों के लिये अनिवार्य है।

गण का अर्थ है समूह। यह समूह तीन वर्णों का होता है। अतः **गण** की परिभाषा होगी—**लघु-गुरु के नियत क्रम से तीन वर्णों का समूह।** गण में तीन ही वर्ण होते हैं, न अधिक, न कम। गणों की संख्या आठ है। इन्हीं आठ गणों के विभिन्न रूपों में विन्यास से सारे वर्णिक छंद बनते हैं।

नाम	**चिह्न**	**संक्षिप्त रूप**	**उदाहरण**
मगण (त्रिगुरु)	ऽ ऽ ऽ	म	कामाला
नगण (त्रिलघु)	। । ।	न	कमल
भगण (आदि गुरु)	ऽ । ।	भ	कोमल
यगण (आदि लघु)	। ऽ ऽ	य	कमालो
जगण (मध्य गुरु)	। ऽ ।	ज	कमाल
रगण (मध्य लघु)	ऽ । ऽ	र	कामला
सगण (अन्त गुरु)	। । ऽ	स	कमला
तगण (अन्त लघु)	ऽ ऽ ।	त	कामाल

लघु का संक्षिप्त रूप है ल

गुरु का संक्षिप्त रूप है ग

गणों को याद रखने के लिये निम्नलिखित सूत्र उपयोगी है:

यमाताराजभानसलगा

इस सूत्र में दस वर्ण हैं जिनमें पहले आठ वर्ण गणों के सूचक हैं और अन्तिम दो वर्ण लघु (ल) और गुरु (गा) के। इस सूत्र के गणों को निकालने का तरीका यह है कि जो गण निकालना हो उसके संक्षिप्त रूप के बोधक वर्ण से आरम्भ कर आगे के दो वर्णों को ले लेना चाहिए। इस प्रकार तीन-तीन वर्णों के आठों गण

अनायास निकल आयेंगे। उदाहरणार्थ, मगण किसे कहते हैं, यह जानना है तो मा से आरम्भ करके उसके आगे के दो वर्ण ले लीजिये—तो रूप होगा मा ता रा। ये तीनों गुरु वर्ण हैं, अतः मगण का रूप हुआ त्रिगुरु (ऽ ऽ ऽ)। ऐसे ही नगण जानना है तो न से आगे दो वर्ण ले लें—रूप हुआ न स ल। ये तीनों लघु वर्ण हैं, अतः नगण हुआ त्रिलघु (। । ।)। इस प्रकार इस सूत्र से गणों को याद रखने में बहुत सौकर्य हो जाता है।

चरण

किसी भी छंद में प्रायः चार पंक्तियाँ होती हैं। इनमें प्रत्येक पंक्ति अर्थात् छंद के चतुर्थांश को चरण कहते हैं। चरण को पद या पाद भी कहते हैं। तात्पर्य कि चरण, पद, या पाद का पर्याय के रूप में प्रयोग होता है। लोक में चतुर्थांश को चरण कहने का प्रचलन है। वही छंदशास्त्र में भी गृहीत है।

कुछ छंद 6 चरण वाले भी होते हैं, जैसे छप्पय। उनकी पंक्ति को भी चरण ही कहते हैं। वस्तुतः छप्पय शब्द 'षट्पद' का अपभ्रंश है। तात्पर्य कि वह छंद जिसमें 6 पद या चरण हों।

गति

गति कहते हैं प्रवाह को। गति का महत्व वर्णिक छंदों की अपेक्षा मात्रिक छंदों में अधिक है। बात यह है कि वर्णिक छंदों में तो लघु-गुरु का स्थान निश्चित रहता है किन्तु मात्रिक छंदों में लघु-गुरु का स्थान निश्चित नहीं रहता, पूरे चरण की मात्राओं का निर्देश मात्र रहता है। मात्राओं की संख्या ठीक होने पर भी चरण की गति (प्रवाह) में बाधा पड़ सकती है। जैसे, चौपाई के प्रत्येक चरण में 16 मात्राओं का विधान है पर 16 मात्रायें होने पर भी निम्नलिखित चरण में प्रवाह नहीं है:

जब देइ अस बिबेक बिधाता—16 मात्राएँ

या **जब अस बिबेक देइ बिधाता**—16 मात्राएँ

किन्तु इसे ही यदि ऐसे पढ़ें कि

जब अस देइ बिबेक बिधाता—16 मात्राएँ

या **जब बिबेक अस देइ बिधाता**—16 मात्राएँ

या **अस बिबेक जब देइ विधाता**—16 मात्राएँ

तो प्रवाह ठीक हो जाता है। इससे स्पष्ट है कि केवल मात्राओं की संख्या पर्याप्त नहीं है, उसके साथ छंद की गति का ध्यान भी आवश्यक है किन्तु इस गति का कोई निश्चित नियम नहीं है। ऊपर के उदाहरण में अंतिम तीनों पाठ गति की दृष्टि से ठीक हैं पर पहले दोनों गतिहीन हैं। गति का परिज्ञान भाषा की प्रकृति तथा नाद के परिज्ञान एवं अभ्यास पर निर्भर करता है। मात्रिक छंदों के निर्दोष प्रयोग के लिए गति का परिज्ञान अत्यन्त महत्वपूर्ण है। आगे के उदाहरण से

यह बात और स्पष्ट हो जायेगी। चौपाई, अरिल्ल और पद्धरि, इन तीनों छन्दों में मात्रायें 16 ही होती हैं पर गति भेद से ये छंद परस्पर भिन्न हो जाते हैं:

चौपाई—

बंदउँ गुरु पद पदुम परागा। सुरुचि सुवास सरस अनुरागा॥

अमिय मूरिमय चूरन चारू। समन सकल भव रुज परिवारू॥

अरिल्ल—

गुरु पद रज मृदु मंजुल अंजन। नयन अमिय दृग दोष बिभंजन॥

तेहि करि विमल बिबेक बिलोचन। बरनउँ रामचरित भवमोचन॥

(इसे बहुत लोग चौपाई ही समझते हैं पर यह वस्तुतः अरिल्ल है। रामचरितमानस में बहुत स्थलों पर चौपाई के बदले अरिल्ल ही हैं।)

पद्धरि— **मेरे नगपति! मेरे विशाल**
साकार दिव्य गौरव विराट।
पौरुष के पुंजीभूत ज्वाल।
मेरी जननी के हिम-किरीट।

यति

यति का अर्थ है विराम या ठहराव। छोटे छंदों में यति का प्रश्न नहीं उठता क्योंकि चरण छोटे होने से एक साँस में उनका पाठ सुगमतापूर्वक हो जाता है किंतु बड़े छंदों में एक साँस में पूरे चरण को पढ़ना कठिन होता है, अतः बीच-बीच में रुकना पड़ता है। छंद की लम्बाई के अनुसार अनेक विराम हो सकते हैं। लयानुगामी इन विरामों को ही यति कहते हैं। यति का निर्देश प्रायः छंद के लक्षण में ही कर दिया जाता है। उदाहरणार्थ, मालिनी छंद में पाँच गण होते हैं:

न न म य य (नगण नगण मगण यगण यगण) :

पहली यति 8 वर्णों के तथा दूसरी यति 7 वर्णों के बाद पड़ती है:

प्रिय पति वह मेरा। प्राणप्यारा कहाँ है।
दुख जलनिधि डूबी। का सहारा कहाँ है।
लख मुख जिसका मैं। आज लौं जी सकी हूँ।
वह हृदय हमारा। नैनतारा कहाँ है।—हरिऔध

छंद के भेद

छंद में चरणों के विन्यास के आधार पर उसके तीन भेद होते हैं:

1. सम; 2. अर्धसम; 3. विषम।

1. सम— जिस छंद के चारों चरण, मात्रा या वर्ण की दृष्टि से, समान होते हैं उसे सम कहते हैं। हिन्दी में सम छन्दों का ही बाहुल्य है।

2. अर्धसम—जिस छन्द के प्रथम तृतीय (1-3) **तथा** द्वितीय-चतुर्थ (2-4) चरण समान हों उसे अर्धसम कहते हैं अर्थात् अयुग्म (1-3) चरण एक जैसे और युग्म (2-4) चरण एक जैसे। जैसे दोहा, सोरठा।

3. विषम— जिस छन्द के चरणों में कोई नियमित समानता न हो उसे विषम कहते हैं।

मात्रिक तथा वर्णिक दोनों प्रकार के छंदों के ये तीनों भेद—सम, अर्धसम, विषम पाये जाते हैं।

छंदशास्त्र में गणों के देवता, शुभाशुभ आदि का विचार होता रहा है पर वह निरर्थक आडंबर है और आज सर्वथा अनावश्यक है। अत: उस अंश की चर्चा जानबूझ कर नहीं की गयी है।

किसी भी छंद के लक्षण में एक चरण का रूप निर्दिष्ट रहता है; उसे ही चार बार पढ़ देने से पूरा छंद बन जाता है।

इस पुस्तक में सर्वत्र एक चरण का लक्षण दिया गया है। लक्षण में उतने ही शब्द रखे गये हैं जो अनिवार्य हैं जिससे याद करने में सौकर्य हो।

वर्णिक छन्द

प्रमाणिका

(प्रमाणिका जरौ लगौ)

ज, र, ल, ग	जगण	रगण	लघु	गुरु
	।ऽ।	ऽ।ऽ	।	ऽ—8 वर्ण

विषाण के निनाद से
दिशा सभीत मौन री।
विशाल पूर्व व्योम में
विभा प्रसन्न कौन री?—दिनकर

अथवा

हिमाद्रि तुंग शृंग से।
प्रबुद्ध शुद्ध भारती।
स्वयंप्रभा समुज्ज्वला।
स्वतंत्रता पुकारती।

स्वागता

(स्वागता र न भ गा बनती है)

र, न, भ, ग ग	रगण	नगण	भगण	गुरु	गुरु
	ऽ।ऽ	।।।	ऽ।।	ऽ	ऽ—11 वर्ण

राजपुत्रिकनि सों छबि छाये।
राज राज सब डेरहिं आये।
हीर चीर गज बाजि लुटाये।
सुन्दरीन बहु मंगल गाये।—केशवदास

भुजंगी

(य तीनों ल गा से भुजंगी बने)

य, य, य, ल ग यगण यगण यगण लघु गुरु
।ऽऽ ।ऽऽ ।ऽऽ । ऽ —11 वर्ण

सखी सत्य क्या मैं घुली जा रही?
मिलूँ चाँदनी में बुरा क्या यही?
नहीं चाहते किन्तु वे चाँदनी,
तपोमग्न हैं आज मेरे धनी।—मै० श० गुप्त

शालिनी

(मा ता ता गा गा यही शालिनी है)

म, त, त, ग ग मगण तगण तगण गुरु गुरु —11 वर्ण

क्या क्या होगा साथ में क्या बताऊँ?
है ही क्या, हा आज जो मैं जताऊँ?
तो भी तूली, पुस्तिका और वीणा,
चौथी मैं हूँ, पाँचवीं तू प्रवीणा।—मै० श० गुप्त

इन्द्रवज्रा

(है इन्द्रवज्रा त त जा ग गा से)

तगण तगण जगण गुरु गुरु
ऽऽ। ऽऽ। ।ऽ। ऽ ऽ —11 वर्ण

मैं राज्य की चाह नहीं करूँगा,
है जो तुम्हें इष्ट वही करूँगा।
संतान जो सत्यवती जनेगी,
राज्याधिकारी वह ही बनेगी।—मै० श० गुप्त

उपेन्द्रवज्रा

(उपेन्द्रवज्रा ज त जा ग गा से)

जगण तगण जगण गुरु गुरु
।ऽ। ऽऽ। ।ऽ। ऽ ऽ —11 वर्ण

मिलाप था दूर अभी धनी का,
विलाप ही था बस का, बनी का।
अपूर्व आलाप वही हमारा,
यथा विपंची दिर दार दारा।—मै० श० गुप्त

उपजाति

इन्द्रवज्रा और उपेन्द्रवज्रा का मिश्रण उपजाति है। वस्तुत: इन्द्रवज्रा और उपेन्द्रवज्रा में केवल प्रथम वर्ण में भेद है: इन्द्रवज्रा का प्रथम वर्ण गुरु होता है और उपेन्द्रवज्रा का लघु। दोनों को मिला देने पर उपजाति छंद सिद्ध होता है। मिश्रण का कोई नियम नहीं है: दोनों के दो-दो चरण हों, या एक का एक चरण और दूसरे के तीन चरण। आवश्यक है केवल मिश्रण।

जो प्राप्ति हो फूल तथा फलों की, (इन्द्रवज्रा)
मधूक चिंता न करो दलों की। (उपेन्द्रवज्रा)
हो लाभ पूरा पर हानि थोड़ी, (इन्द्रवज्रा)
हुआ करे तो यह भी निगोड़ी। (उपेन्द्रवज्रा)

दोधक

(भा भ भ दो गुरु दोधक होता)

भगण भगण भगण गुरु गुरु
S I I S I I S I I S S —11 वर्ण

ये सुत कौन के सोभहिं साजे?
सुन्दर स्यामल गौर विराजे।
जानत हौं जिय सोदर दोऊँ।
कै कमला विमला पति कोऊ॥—केशवदास

वंशस्थ

(सुछन्द वंशस्थ बने ज ता ज रा)

जगण तगण जगण रगण —12 वर्ण
I S I S S I I S I S I S

जहाँ लगा जो जिस कार्य बीच था,
उसे वहाँ ही वह छोड़ दौड़ता
समीप आया रथ के प्रमत्त-सा
विलोकने को घनश्याम-माधुरी।—हरिऔध (प्रि० प्र०)

भुजंगप्रयात

(भुजंगप्रयाता बने चार या से)

यगण यगण यगण यगण —12 वर्ण

ISS ISS ISS ISS

अरी व्यर्थ है व्यंजनों की बड़ाई,
हटा थाल, क्यों तू इसे आप लाई?
यही पाक है, जो बिना भूख भावे,
बता किंतु तू ही उसे कौन खावे?—मै० श० गुप्त

द्रुतविलम्बित

(द्रुतविलम्बित है न भ भा र से)

नगण भगण भगण रगण —12 वर्ण

III SII SII SIS

दिवस का अवसान समीप था।
गगन था कुछ लोहित हो चला।
तरुशिखा पर थी अब राजती,
कमलिनी-कुल-वल्लभ की प्रभा॥—हरिऔध

तोटक

(स स सा स कहें बुध तोटक को)

सगण सगण सगण सगण —12 वर्ण

IIS IIS IIS IIS

संभलो कि सुयोग न जाय चला,
कब व्यर्थ हुआ सदुपाय भला,
समझो जग को न निरा सपना,
पथ आप प्रशस्त करो अपना।—मै० श० गुप्त

वसन्ततिलका

(होती वसन्ततिलका त भ जा ज गा गा)

तगण भगण जगण जगण गुरु गुरु —14 वर्ण

SSI SII ISI ISI S S

बात बड़ी सरस थे कहते बिहारी,
छोटे बड़े सकल का हित चाहते थे।
अत्यंत प्यार सँग थे मिलते सबों से।
वे थे सहायक बड़े दुख के दिनों के।—हरिऔध

मालिनी

(न न म य य मिला के मालिनी मंजु होती)

नगण नगण मगण यगण यगण —15 वर्ण

ISSS ISS ISS (।।। ।।। ऽऽऽ ।ऽऽ ।ऽऽ)

8 और 7 पर यति

प्रिय पति वह मेरा प्राणप्यारा कहाँ है?
दु:ख-जलनिधि-डूबी का सहारा कहाँ है?
लख मुख जिसका मैं आज लौं जी सकी हूँ,
वह हृदय हमारा नैन-तारा कहाँ है?—हरिऔध

पंचचामर (नाराच)

(ज रा ज रा ज गा बने सुछन्द पंचचामरम्)

जगण रगण जगण रगण जगण गुरु —16 वर्ण

।ऽ। ऽ।ऽ ।ऽ। ऽ।ऽ ।ऽ। ऽ

अर्थात्, एक लघु के बाद एक गुरु।

8, 8 पर यति

असंख्य कीर्ति-रश्मियाँ विकीर्ण दिव्य दाह सी,
सपूत मातृभूमि के रुको न शूर साहसी।
अराति-सैन्य सिंधु में सुबाडवाग्नि से जलो,
प्रवीर हो, जयी बनो, बढ़े चलो, बढ़े चलो।—प्रसाद

चंचला

(चंचला र जा र जा र ला बखानते सुविज्ञ)

रगण जगण रगण जगण रगण लघु —16 वर्ण

ऽ।ऽ ।ऽ। ऽ।ऽ ।ऽ। ऽ।ऽ ।

पक्षिराज यक्षराज प्रेतराज यातुधान।
देवता अदेवता नृदेवता जिते जहान।
पर्वतारि अर्ब-खर्ब सर्व सर्वथा बखानि।
कोटि-कोटि सूर चंद्र रामचंद्र सम जानि।—केशवदास

मन्दाक्रान्ता

(मन्दाक्रान्ता श्रुति-रस-दिना मा भ ना ता त गा गा)

मगण भगण नगण तगण तगण गुरु गुरु —17 वर्ण

ऽऽऽ ऽ।। ।।। ऽऽ। ऽऽ। ऽ ऽ

4 (श्रुति), 6 (रस), 7 (दिन) पर यति

प्यारे तेरा गमन सुन के दूसरे रो रहे हैं;
मैं रोती हूँ, सकल ब्रज है वारि लाता दृगों में।
सोचो बेटा, उस जननी की क्या दशा आज होगी,
तेरे जैसा सरल जिसका एक ही लाड़ला है।—हरिऔध

शिखरिणी

(यति छः ग्यारह पै य म न स भ ला गा शिखरिणी)

यगण मगण नगण सगण भगण लघु गुरु—17 वर्ण

।ऽऽ ऽऽऽ ।।। ।।ऽ ऽ।। । ऽ

6, 11 पर यति

मिली मैं स्वामी से, पर कह सकीं क्या संभल के?
बहे आँसू होके सखि! सब उपालम्भ गल के।
उन्हें हो आई जो निरख मुझको नीरव दया,
उसी की पीड़ा का अनुभव मुझे हा! रह गया।—मै० श० गुप्त

अनूठी आभा से सरस सुषमा से सुरस से
बना जो देती थी बहु गुणमयी भू विपिन को।
निराले फूलों की विविध दलवाली अनुपमा
जड़ी बूटी नाना बहु फलवती थी विलसती।—हरिऔध

शार्दूलविक्रीडित

(आदित्य—स्वर मा स जा स त त गा शार्दूलविक्रीडितम्)

मगण सगण जगण सगण तगण तगण गुरु

ऽऽऽ ।।ऽ ।ऽ। ।।ऽ ऽऽ। ऽऽ। ऽ —19 वर्ण

यति 12 (आदित्य) और 7 (स्वर) पर।

स्त्रग्धरा

(मा रा भा ना य या या सत-सत यति से स्त्रग्धरा रम्य होती)

मगण रगण भगण नगण यगण यगण यगण —21 वर्ण

ऽऽऽ ऽ।ऽ ऽ।। ।।। ।ऽऽ ।ऽऽ ।ऽऽ

यति 7, 7, 7 पर।

नाना फूलों फलों से अनुपम जग की वाटिका है विचित्रा,
भूले हैं सैकड़ों ही मधुप, शुक तथा कोकिला गानशीला।
कौए भी हैं घनेरे पर-धन हरने में सदा अग्रगामी,
कोई है एक माली, सुधि इन सबकी जो सदा ले रहा है।

मात्रिक छन्द

अहीर

11 मात्रएँ; अन्त में जगण (। ऽ ।)

चल रे वीर जवान।
चल अजय बलवान।
महामरण की ओर,
चल रे पान्थ किशोर। —दिनकर

तोमर

12 मात्राएँ, अंत में गुरु-लघु (ऽ ।)

प्रस्थान वन की ओर, —16 मात्राएँ
या लोक-मन की ओर? —16 मात्राएँ
होकर न घन की ओर,
हैं राम जन की ओर।—गुप्त (साकेत)

मानव

14 मात्राएँ

मेरे जीवन की उलझन,
बिखरी थीं उनकी अलकें,
पी ली मधु मदिरा किसने,
थीं बंद हमारी पलकें। —प्रसाद

प्रसाद का 'आँसू' काव्य इसी छन्द में है।

पादाकुलक

चार चौकल का मात्रिक समछन्द पादाकुलक कहलाता है।

चौकल कहते हैं चार मात्राओं की इकाई को। चूँकि एक चौकल में चार मात्राएँ होती हैं और एक पादाकुलक छन्द में चार चौकल होते हैं, अतः इस छन्द में अनिवार्यतः 16 मात्राएँ हो जाती हैं। चौकल केवल पाँच प्रकार के हो सकते हैं:

1. दोनों गुरु (ऽऽ)—चार मात्राएँ
2. एक गुरु, दो लघु (ऽ । ।)—चार मात्राएँ
3. दो लघु, एक गुरु (। । ऽ)—चार मात्राएँ
4. एक लघु, एक गुरु, एक लघु (। ऽ ।)—चार मात्राएँ
5. चार लघु (। । । ।)—चार मात्राएँ

पादाकुलक वर्ग के दस छन्द माने गए हैं जिनमें दो सर्वाधिक प्रचलित हैं:

अरिल्ल

चार चौकल; अन्त में भगण (ऽ । ।)

गुरुपद रज मृदु मंजुल अंजन।
नयन अमिय दृग दोष विभंजन॥
तेहि करि बिमल बिवेक बिलोचन।
बरनउँ रामचरित भव मोचन॥—तुलसीदास

पद्धरि (पद्धटिका)

चार चौकल; अन्त में जगण (।ऽ।)

अम्बर में कुन्तल जाल देख,
पद के नीचे पाताल देख,
मुट्ठी में तीनों काल देख,
मेरा स्वरूप विकराल देख।—दिनकर

पादाकुलक के अनेक भेद 'रश्मिरथी' के तृतीय सर्ग में मिलते हैं।

चौपाई

16 मात्राएँ। अन्त में लघु (।) का प्रयोग निषिद्ध है। इसमें चौकल का नियम नहीं है, केवल लय का प्रवाह ठीक रहना चाहिए। रामचरितमानस के चलते चौपाई हिन्दी का बहुत प्रसिद्ध छन्द है।

बंदउँ गुरुपद पदुम परागा।
सुरुचि सुबास सरस अनुरागा।
अमिअ मूरिमय चूरन चारू।
समन सकल भव रुज परिवारू।—तुलसीदास

पीयूषवर्ष

19 मात्राएँ; 10, 9 पर यति; अन्त में लघु-गुरु (।ऽ)

है बँधी तकदीर जलती डाल से
आशियाँ को छोड़ उड़ जाऊँ कहाँ?
दर्द दिल का अब सहा जाता नहीं,
यह जहर लेकिन उगल आऊँ कहाँ?—दिनकर

सुमेरु

19 मात्राएँ; यति 10, 9 पर या 12, 7 पर; अन्त में यगण (।ऽऽ)

सलिल-कण हूँ कि पारावार हूँ मैं,
स्वयं छाया हूँ, स्वयं आधार हूँ मैं;
बँधा हूँ, स्वप्न हूँ छोटा बना हूँ,
नहीं तो व्योम का विस्तार हूँ मैं।—दिनकर

राधिका

22 मात्राएँ; 13-9 पर यति

संदेश यहाँ मैं नहीं स्वर्ग का लाया,
इस भूतल को ही स्वर्ग बनाने आया;
अथवा **आकर्षण पुण्यभूमि का ऐसा,**
अवतरित हुआ है आप उच्च फल जैसा।—मै०श० गुप्त

रोला

24 मात्राएँ; 13, 11 पर यति; अन्त में दो गुरु (ऽऽ) या दो लघु (। ।)

निकसि कमंडल तैं उमँड़ि नभ-मंडल खंडति।
धाई धार अपार वेग सौं वायु बिहंडति॥
भयौ घोर अति सब्द धमक सौं त्रिभुवन तरजे।
महा मेघ मिलि मनहु एक संगहि सब गरजे।—रत्नाकर
(गंगावतरण)

जिसकी रज में लोट-लोट कर बड़े हुए हैं,
घुटनों के बल सरक-सरक कर खड़े हुए हैं।
परमहंस सम बाल्यकाल में सब सुख पाये,
जिसके कारण 'धूल भरे हीरे कहलाये।—मै०श० गुप्त

दिक्पाल

24 मात्राएँ; 12, 12 पर यति

बेचैन हैं हवाएँ, सब ओर बेकली है,
कोई नहीं बताता, किश्ती किधर चली?
मँझधार है, भँवर है या पास है किनारा?
यह नाश आ रहा या सौभाग्य का सितारा?—दिनकर

रूपमाला

24 मात्राएँ; 14, 10 पर यति; अन्त में गुरु-लघु (ऽ ।)

एक जीवन-सिंधु था, तो वह लहर लघु लोल;
एक नवल प्रभात, तो वह स्वर्ग-किरण अमोल।
एक था आकाश वर्षा का सजल उद्दाम;
दूसरा रंजित किरण से श्री-कलित घनश्याम।—प्रसाद

गीतिका

26 मात्राएँ; 14,12 पर यति; चरण की तीसरी, दसवीं, सत्रहवीं, चौबीसवीं मात्राएँ लघु होनी चाहिये; अन्त में गुरु (ऽ)

जो अखिल कल्याणमय है व्यक्ति तेरे प्राण में
कौरवों के नाश पर है रो रहा केवल वही;
किन्तु उसके पास ही समुदायगत जो भाव हैं,
पूछ उनसे, क्या महाभारत नहीं अनिवार्य था ?—दिनकर

हरिगीतिका

28 मात्राएँ; 16, 12 पर यति; अंत में लघु-गुरु (।ऽ)

बीती नहीं यद्यपि अभी तक है निराशा की निशा,
है किन्तु आशा भी कि होगी दीप्त फिर प्राची दिशा।
महिमा तुम्हारी ही जगत में धन्य, आशे! धन्य है,
देखा नहीं, कोई कहीं अवलंब तुम-सा अन्य है। —मै० श० गुप्त

ताटंक

30 मात्राएँ; 16,14 पर यति

उषा सुनहले तीर बरसती जय-लक्ष्मी सी उदित हुई;
उधर पराजित कालरात्रि भी जल में अंतर्निहित हुई।
वह विवर्ण मुख त्रस्त प्रकृति का आज लगा हँसने फिर से;
वर्षा बीती, हुआ सृष्टि में शरद-विकास नये सिर से —प्रसाद

सार

28 मात्राएँ; प्राय: 16,12 पर यति

रागानल के बीच पुरुष कंचन-सा जलनेवाला,
तिमिर-सिंधु में डूब रश्मि की ओर निकलनेवाला,
ऊपर उठने को कर्दम से लड़ता हुआ कमल-सा,
ऊब-डूब करता, उतराता घन में विधु-मंडल-सा। —दिनकर

सरसी

27 मात्राएँ; 16,11 पर यति; अंत में गुरु-लघु (ऽ।)

बुद्धि बिलखते उर का चाहे जितना करे प्रबोध,
सहज नहीं छोड़ती प्रकृति लेना अपना प्रतिशोध।
चुप हो जाये भले मनुज का हृदय युक्ति से हार,
रुक सकता पर नहीं वेदना का निर्मम व्यापार। —दिनकर

वीर (आल्हा)

31 मात्राएँ; 8, 8, 15 पर यति; अंत में गुरु-लघु (ऽ।)

ब्रह्मचर्य के व्रती, धर्म के महास्तंभ, बल के आगार,
परम विरागी पुरुष जिन्हें पाकर भी पा न सका संसार।

किया विसर्जित मुकुट धर्म-हित और प्रेम के कारण प्राण,
पुरुष विक्रमी कौन दूसरा हुआ जगत में भीष्म-समान। —दिनकर

अर्धसम मात्रिक छन्द

जैसा पहले कहा जा चुका है, अर्धसम छन्द वे हैं जिनके चारों चरण समान नहीं होते; समान होते हैं प्रथम तथा तृतीय चरण, द्वितीय तथा चतुर्थ चरण, अर्थात् विषम चरणों में समानता होती है। बरवै, दोहा,सोरठा और उल्लाला इस वर्ग के प्रमुख छन्द हैं। इनका आकार छोटा होने से चरणों को अलग-अलग पंक्तियों में न लिखकर दो-दो चरणों को एक-एक पंक्ति में लिखा जाता है। दो चरणों की ऐसी पंक्तियों को अर्थ या दल कहते हैं। यति चरण के अंत में पड़ती है।

बरवै

विषम (1,3) चरणों में 12 मात्राएँ

सम (2,4) चरणों में 7 मात्राएँ

सिय मुख सरद कमल जिमि। किमि कहि जाय।
निसि मलीन वह निसिदिन। यह बिगसाय[1]।—तुलसीदास

अवधि-शिला का उर पर। था गुरु भार।
तिल-तिल काट रही थी। दृग जल धार। —मै०श०गुप्त

दोहा

विषम (1,3) चरणों में 13 मात्राएँ

सम (2,4) चरणों में 11 मात्राएँ; अंत में लघु (।)

सीस मुकुट, कटि काछनी। कर मुरली उर माल।
इहि बानिक मो मन बसौ। सदा बिहारी लाल।—बिहारी

हंस छोड़ आये कहाँ। मुक्ताओं का देश।
यहाँ बंदिनी के लिये। लाये क्या संदेश।—मै०श० गुप्त

सोरठा

दोहे को उलट देने से सोरठा बन जाता है। तात्पर्य कि—

विषम (1,3) चरणों में 11 मात्राएँ

सम (2,4) चरणों में 13 मात्राएँ

जिहि सुमिरत सिधि होइ। गननायक करिवर बदन।
करहु अनुग्रह सोइ। बुद्धि राशि सुभ गुन सदन। —तुलसीदास

---

1. विकसित (खिला) रहता है।

लिख कर लोहित लेख। डूब गया है दिन अहा।
व्योम सिंधु सखि देख। तारक-बुदबुद दे रहा। —मै०श० गुप्त

उल्लाला

विषम (1,3) चरणों में 15 मात्राएँ

सम (2,4) चरणों में 13 मात्राएँ

हम खेले कूदे हर्षयुत। जिसकी प्यारी गोद में।
हे मातृभूमि तुझको निरख। मग्न क्यों न हों मोद में। —मै०श० गुप्त

विषम छन्द

सम और अर्ध छन्दों से भिन्न छन्दों को विषम छन्द कहते हैं।

विषम छन्द दो प्रकार के होते हैं:

1. **मिश्र** जो दो छन्दों के मिश्रण से बनते हैं।

2. **प्रवर्धितचरण** या **प्रवर्धितपाद** जिनमें—नियमित छन्द के ही चार से अधिक (जैसे 6, 8, 10, 12) चरण रहते हैं। कबीर, सूर, मीरा, तुलसी आदि के गेय पद इसी वर्ग में आते हैं।

मिश्र छन्द

कुंडलिया (दोहा + रोला)

पहले एक दोहा और उसके बाद एक उल्लाला—कुंडलिया

दो—चौदह चक्कर खायेगी। जब यह भूमि अभंग।
घूमेंगे इस ओर तब। प्रियतम प्रभु के संग।
रोला—प्रियतम प्रभु के संग। आयेंगे तब हे सजनी।
अब दिन पर दिन गिनो। और रजनी पर रजनी।
पर पल-पल ले रहा। यहाँ प्राणों से टक्कर।
कलहमूल यह भूमि। लगावेचौदह चक्कर। —मै०श० गुप्त

छप्पय (रोला + उल्लाला)

पहले एक रोला और उसके बाद उल्लाला = छप्पय

छप्पय शब्द 'षट्पद' से बना है जिसका अर्थ है 6 पदों (चरणों) वाला। यहाँ पदों से तात्पर्य पंक्तियों से है।

जिसकी रज में लोट लोट कर बड़े हुए हैं।
घुटनों के बल सरक-सरक कर खड़े हुए हैं।।
परमहंस सम बाल्यकाल में सब सुख पाये।
जिसके कारण धूल भरे हीरे कहलाये।।

हम खेले कूदे हर्षयुत, जिसकी प्यारी गोद में।
हे मातृभूमि तुझको निरख, मग्न क्यों न हों मोद में॥—मै०श० गुप्त

जय बिधि-संचित-सुकृत-सार-सुख-सागर-संगिनि।
जय हरि-पद-अरबिंद-मंजु-मकरंद-तरंगिनि।।
जय सुर-सेवित-संभु-विपुल-बल-विक्रम-साका।
जय भूपति-कुल-कलस भगीरथ-पुन्य-पताका।।
जय गंग सकल-कलि-कल हरनि, विमल-बरनि बानी करौ।
निज महि-अवतरन चरित्र के, भव्य भाव उर में भरौ।। —रत्नाकर

प्रवर्धितपदी विषम छन्द

प्रवर्धितपदी में चार से अधिक पद (चरण) होते हैं। विनय के पदों में टेक (प्रथम चरण) प्राय: पादाकुलक (16 मात्राओं का)होता है और शेष चरण सार के होते हैं। चरणों की संख्या अनियत है। उदाहरणार्थ सूरदास के निम्नलिखित पद में 6 चरण हैं :

मेरो मन अनत कहाँ सुख पावै।
जैसे उड़ि जहाज को पंछी, फिरि जहाज पर आवै।
कमलनैन को छाँड़ि महातम, और देव को ध्यावै।
परमगंग को छाँड़ि पियासो, दुरमति कूप खनावै।
जिहिं मधुकर अंबुज-रस चाख्यो, क्यों करील-फल भावै।
'सूरदास' प्रभु कामधेनु तजि, छेरी कौन दुहावै॥

इस पद में प्रथम चरण (टेक) पादाकुलक (16 मात्राओं) का है और शेष चरण सार (28 मात्राओं—14,14 पर यति) के हैं। इस प्रकार यह दोनों तरह से मिश्र छन्द है—दो छन्दों का मिश्रण भी है और चरणों की संख्या चार की नियमित संख्या से अधिक भी है।

सवैया

सवैया का कोई एक लक्षण नहीं है। इसके चरण 22 से लेकर 26 वर्णों तक के होते हैं। ब्रजभाषा का यह बहुप्रचलित छन्द है और रीतिकाल में इसका खूब प्रयोग हुआ है। मधुरता और संगीतात्मकता के कारण सवैया शृंगार, करुण जैसे कोमल रसों की अभिव्यंजना के बहुत अनुकूल पड़ता है। छन्दशास्त्र के विद्वानों ने सवैया के भेदों की संख्या 50 के आस-पास तक पहुँचा दी है किंतु इसके प्रमुख तथा प्रचलित भेद पाँच-छ: ही हैं।

सवैया में किसी गण की 7 या 8 बार आवृत्ति होती है जिनमें मुख्य हैं भगण (ऽ।।) और (।।ऽ)।

सवैया, कवित्त आदि छन्दों में अनेकत्र, दीर्घ स्वरों का (गुरु उच्चारण न होकर) लघु उच्चारण होता है। यदि ऐसा न हो तो छन्दोभंग हो जाएगा। लय के प्रवाह में दीर्घ स्वर का लघु उच्चारण अनायास हो जाता है। इसे स्वराघात कहते हैं (दे० पू०)

सवैया के लोकप्रिय भेद निम्नलिखित हैं :

मदिरा—7 भगण (ऽ ।।) + गुरु (ऽ)-7 × 3 + 1—22 वर्ण

मत्तगयन्द —7 भगण (ऽ।।) + 2 गुरु (ऽऽ)—7 × 3 + 2—23 वर्ण

किरीट—8 भगण (ऽ ।।)—8 × 3 -24 वर्ण

दुर्मिला—8 सगण (।।ऽ)—8 × 3 -24 वर्ण

सुंदरी—8 सगण (।।ऽ) + 1 गुरु (ऽ)—8 × 3 + 1—25 वर्ण

कुंदलता—8 सगण (।।ऽ) +2 लघु (।।)—8 × 3 + 2—26 वर्ण

मदिरा सवैया

7 भगण + 1 गुरु

भगण भगण भगण भगण भगण भगण भगण गुरु

ऽ।। ऽ।। ऽ।। ऽ।। ऽ।। ऽ।। ऽ।। ऽ —22 वर्ण

चेटक सों धनु भंग कियो, तन रावन के अति ही बल हो।
बान समेत रहे पचिकै तहँ जा सँग पै न तज्यो थल हो।
बाण सु कौन? बली बलि को सुत, वै बलि बावन बाँधि लियो।
वेइ सु तो जिनकी चिर चेरिन नाच नचाइ के छाँड़ि दियो।—केशवदास

मत्तगयन्द सवैया

7 भगण + 2 गुरु

भ भ भ भ भ भ ग ग

ऽ।। ऽ।। ऽ।। ऽ।। ऽ।। ऽ।। ऽ ऽ —23 वर्ण

कुंदन को रंग फीको लगै, झलकै अति अंगन चारु गुराई।
आँखिन में अलसानि, चितौन में मंजु बिलासन की सरसाई।
को बिन मोल बिकात नहीं, मतिराम लहै मुसकानि मिठाई।
ज्यों-ज्यों निहारिये नेरे ह्वै नैननि त्यों-त्यों खरी निखरै सी निकाई।—मतिराम

(चतुर्थ चरण में दूसरे 'ज्यों', निहारिये के 'ये', नेरे के 'ए', 'ह्वै' दूसरे 'त्यों' 'सी' का उच्चारण लघु करना पड़ता है। यह प्रवृत्ति प्राय: सभी छन्दों में मिलेगी।)

किरीट सवैया

8 भगण

भ भ भ भ भ भ भ भ

ऽ।। ऽ।। ऽ।। ऽ।। ऽ।। ऽ।। ऽ।। ऽ।।—24 वर्ण

मानुष हौं तो वही रसखानि बसौं ब्रज गोकुल गाँव से ग्वारन।
जौ पसु हौं तो कहा बस मेरो, चरौं नित नंद की धेनु मँझारन।
पाहन हौं तो वही गिरि को जो धर्‌यो कर छत्र पुरंदर धारन।
जो खग हौं नो बसेरो करौं नित कालिंदी कूल कदंब की डारन।

दुर्मिल सवैया

8 सगण

स स स स स स स स

।।ऽ ।।ऽ ।।ऽ ।।ऽ ।।ऽ ।।ऽ ।।ऽ ।।ऽ—24 वर्ण

अति सूधो सनेह को मारग है, जहँ नेकु सयानप बाँक नहीं।
तहँ साँचे चलैं तजि आपनपौ, झिझकें कपटी जे निसाँक नहीं।
घन आनंद प्यारे सुजान सुनो, इत एक तें दूसरो आँक नहीं।
तुम कौन सी पाटी पढ़े हौ लला, मन लेहु पै देहु छटाँक नहीं।—घनानंद

सुन्दरी सवैया

8 सगण + 1 गुरु

स स स स स स स स ग

।।ऽ ।।ऽ ।।ऽ ।।ऽ ।।ऽ ।।ऽ ।।ऽ ।।ऽ ऽ—25 वर्ण

सब सूर सुयोधन साथ गये, मृतकों से भरा यह देश बचा है।
मृतवत्सल माँ की पुकार बची, युवती विधवाओं का वेश बचा है।
सुख-शांति गयी, रस-राग गया, करुणा, दुख-दैन्य अशेष बचा है।
विजयी के लिये यह भाग्य के हाथ में क्षार समृद्धि का शेष बचा है।—दिनकर

कुन्दलता सवैया

8 सगण + 2 लघु

स स स स स स स स ल ल

।।ऽ ।।ऽ ।।ऽ ।।ऽ ।।ऽ ।।ऽ ।।ऽ ।।ऽ । ।—26 वर्ण

कुछ के अपमान के साथ पितामह, विश्वविनाशक युद्ध को तोलिये;
इनमें से विघातक पातक कौन बड़ा है? रहस्य विचार के खोलिए;
मुझ दीन, विपन्न को देख दयार्द्र हो, देव नहीं निज सत्य से डोलिए;
नर-नाश का दायी था कौन? सुयोधन था कि युधिष्ठिर का दल? बोलिए।

—दिनकर

दंडक छन्द

दंडक संज्ञा उन छन्दों की है जिनके एक चरण में 26 से अधिक वर्ण होते हैं। चूँकि दंडक के सभी चरण समान होते हैं इसलिये यह सम छन्दों के वर्ग में आता है।

दंडक के दो भेद हैं :—1. साधारण और 2. मुक्तक। साधारण दंडक वह है जिसमें वर्णों के लघु-गुरु का क्रम नियत रहता है पर मुक्तक दंडक, इस बंधन से मुक्त होता है। इसीलिये उसे 'मुक्तक' कहते हैं। मुक्तक दंडक का तो दूसरा और अधिक प्रसिद्ध नाम 'कवित्त' है। दंडकों में मुक्तकों का ही अधिक प्रचलन है।

मुक्तक दंडक के निम्नलिखित प्रमुख भेद हैं:

घनाक्षरी (मनहरण कवित्त)—31 वर्ण, अंत गुरु
रूपघनाक्षरी —32 वर्ण, अंत लघु
देवघनाक्षरी —33 वर्ण, अंत तीन लघु (।।।)

घनाक्षरी (मनहरण कवित्त)

31 वर्ण; अंत गुरु (ऽ)

सुमन-समूहों में सुहास भरता है कौन,
मुकुलों में कौन मकरंद सा अनूप है।
मृदु मलयानिल-सा माधुरी उषा में कौन
स्पर्श करता है, हिमकाल में ज्यों धूप है।
मान है तुम्हारा, अभिमान है हमारा, यह
'नहीं, नहीं' करना भी 'हाँ' का प्रतिरूप है।
घूँघट की ओट में छिपा है भला कैसे कभी,
फूटकर निखर बिखरता जो रूप है।

—प्रसाद (झरना)

रूपघनाक्षरी

32 वर्ण; अंत लघु (।)

वीर-गति पाकर सुयोधन चला गया है,
छोड़ मेरे सामने अशेष ध्वंस का प्रसार;
छोड़ मेरे हाथ में शरीर निज प्राण-हीन,
व्योम में बजाता निज दुंदुभि-सी बार-बार;

और यह मृतक शरीर जो बचा है शेष,

चुप-चुप पूछता है मानों मुझसे पुकार—

'विजय का एक उपहार मैं बचा हूँ, बोलो,

जीत किसकी है और किसकी हुई है हार?'

—दिनकर

देवघनाक्षरी

33 वर्ण; अंत में तीन लघु (। । ।) अर्थात् नगण

झिल्ली झनकारै, पिक चातक पुकारै बन,

मोरनि गुहारै, उठै जुगनू चमकि-चमकि।

घोर घन कारे भारे धुरवा धुरारे धाय

धूमनि मचावै नाचै दामिनी दमकि-दमकि।

झूकनि बयार बहै, थूकनि लगावै अंग,

हूकनि भभूकनि की उर में खमकि-खमकि।

कैसे करि राखौं प्रान प्यारे जसवंत बिना,

नान्हीं-नान्हीं बूँद झरै मेघवा झमकि-झमकि॥

■